La Cultura

943

Botho Strauss

Origine

Traduzione di Agnese Grieco

ilSaggiatore

© 2014, Carl Hanser Verlag München
Published by kind permission of Carl Hanser Verlag München by arrangement with Marco Vigevani & Associati Agenzia Letteraria.

© il Saggiatore S.r.l., Milano 2015

Titolo originale: *Herkunft*

Origine

I

Il padre siede alla scrivania, guarda in basso, il fiume, il Kurgarten, sta sempre a casa, dalla mattina alla sera, interrompe il lavoro giornaliero solo per i pasti e per il riposo dopo il pranzo. Naturalmente, il figlio non può e non deve disturbarlo, in compenso il padre è sempre qui, sempre vicino, nel corridoio si sentono i suoi passi, a guidarci è l'accurato catalogo delle sue norme. Non è uno scrittore. Lavora come perito per l'industria farmaceutica, esamina se questo o quel prodotto che una ditta intende mettere sul mercato risponde ai criteri stabiliti dal Ministero della Sanità. Inoltre anche lui prepara composti farmaceutici, cosmetici e medicinali, tinture, confetti e pillole. Inventa formule officinali (ha il diploma di farmacista ed è laureato in chimica), che poi vende direttamente a piccole case farmaceutiche. Vorrebbe essere pagato per la concessione in licenza del brevetto. La cosa però gli riesce solo di rado, e il più delle volte finisce per essere pagato male o truffato.

Nella sua testa la licenza è qualcosa di simile ai diritti d'autore. Il padre infatti prova una grande ammirazione per gli scrittori e anche lui scrive, in un tedesco forbito, a volte leggermente troppo adorno. E se l'«opera», il nuovo farmaco, ha successo, in seguito potrà garantire alla famiglia di che vivere. Non più giovane, libero professionista e lavoratore autonomo: come mantengo moglie e figlio? Questa la sua fatica quotidiana.

Esiste forse qualcosa di più antico e valido della fitoterapia? Mio padre ci avrebbe fatto affidamento, anche in un'epoca in cui tutti si rivolgevano alle medicine allopatiche, che negli anni cinquanta inondavano il mercato. Nonostante la sua materia potesse vantare una lunga tradizione e un sapere sedimentato, a creargli difficoltà c'erano continue innovazioni, sviluppi recenti, e soprattutto, a suo parere, leggi assurde promulgate dal Ministero della Sanità.

Alzando gli occhi dalla scrivania, il suo sguardo incontrava per prima cosa la cupola del Kursaalbau, in cui si trovava la sala di lettura. Poi più in fondo, sull'altra riva della Lahn c'era il serbatoio dell'acqua, con il tetto ricoperto di ardesia e il galletto segnavento dorato. Lì si perdeva ogni volta il suo sguardo, quando meditava. E più in basso, sempre il fiume, con davanti i platani potati del Kurpark. Che bel posto, che bella vista! Un luogo appartato rispetto alle grosse arterie del traffico nazionale tra Colonia e Francoforte, in una piccola città, in una storica stazione termale, Ems.

Osservavo la toilette mattutina di mio padre, quando, circostanza eccezionale, avevo passato la notte nella camera da letto dei genitori, forse perché la mamma era in viaggio, in visita da qualche parente. Decori a forma di spirale, di un verde tenero, incorniciavano l'armadio dei vestiti, il letto e lo specchio. A realizzare l'arredamento della stanza era stato un falegname di Naumburg alla metà degli anni trenta, in occasione del matrimonio dei miei genitori. Il padre stava in piedi davanti al grande specchio girevole e annodava la cravatta, trafficava con i gemelli della camicia, spesso imprecando. Intanto fumava la sua sigaretta del mattino, marca Finas. Con l'aiuto di un poggiapiedi sistemava la calza fermandola con un laccio. Nel nodo alla cravatta infilzava uno spillone con la perla. La cosa già allora non era più di moda e io la trovavo talmente vanitosa e affettata che spesso protestavo contro questa sua fissa. Volevo che mio padre fosse più come tutti, non doveva dare nell'occhio, essere distinto, doveva essere invece un semplice uomo di oggi. I padri di tutti i miei compagni di scuola erano molto più normali del mio, che si distingueva per l'abbigliamento e la cura del corpo e accusava la maggioranza dei suoi simili di sciatteria. Dal modo di vivere contemporaneo traeva un piacere assai scarso, non da ultimo perché il presente, di fatto, gli aveva negato il successo professionale. La toilette mattutina rappresentava l'irrinunciabile cerimoniale di un'eroica e domestica affermazione di sé. Lo scopo era fare bella figura, distinguersi dalla massa dei suoi contemporanei, che si trascuravano. Per tutto il tempo in cui percepii la sua presenza, mio padre lavorò nel suo appartamento e si sedette alla scrivania sempre abbigliato con cura. Ogni mattina, a un lungo bagno, che includeva il lavaggio dei capelli, seguivano la rasatura con schiuma e pennello e il taglio delle unghie di mani e piedi. Prima del bagno, dieci minuti di esercizi ginnici davanti alla finestra aperta. Sui capelli applicava la crema Brisk, leggermente untuosa, poi li pettinava con la riga a destra, lisci. (Con suo disappunto, era costretto ad andare lui dal parrucchiere, perché il parrucchiere non veniva più a casa, come nei bei tempi passati.) Lo svolgersi della giornata seguiva regole ferree ed era scandito dall'orologio. Quando io venivo fatto alzare dal letto e avevo il permesso di andare in bagno, lui aveva da poco iniziato la sua passeggiata mattutina. Seguiva la colazione, poi il lavoro alla scrivania. Ancora oggi provo la sensazione della sua pelle, che l'aria fresca aveva raffreddato, a contatto con il mio viso caldo di sonno, al saluto del mattino, se una volta capitava che io dovessi andare più tardi a scuola e lui era già tornato indietro dalla sua passeggiata. Se fuori faceva freddo, il suo occhio lacrimava vistosamente.

La propria dimora e i cerimoniali rassicuranti. Talvolta essi equivalgono per il singolo individuo a ciò che le istituzioni significano per la comunità; sono regole che a ogni costo non bisogna considerare vuote, poiché palesemente temprano le forze dell'istinto di autoconservazione. Verso le dodici e mezzo, il pranzo. Non di rado, lamentele riguardo alla monotonia del menù stabilito per la settimana. Dopo pranzo, lettura del quotidiano (*Die Welt*, perché sul giornale scrive regolarmente per le pagine culturali «Caliban», ossia Willy Haas) e riposo, seduto sul divano. A nessuno era permesso telefonare tra l'una e le tre. Telefono e campanello di casa venivano staccati. Sulla porta dell'appartamento veniva appeso un piccolo cartello «Dall'una alle tre non si apre».

Verso le due e mezzo, a volte verso le tre, sento rumore di stoviglie in cucina: il padre si prepara il caffè (a quell'ora la mamma riposa ancora, a letto; fino a quando non ci fu la domestica, lei poteva andare a sdraiarsi solo dopo aver sistemato la cucina). Se è un periodo in cui andiamo d'accordo, il padre porta il caffè nella mia stanza. Io smetto di fare i compiti o di leggere e lui beve la sua tazza di caffè, seduto alla mia finestra. Allora cominciavamo a parlare di tutto quello di cui al momento ci stavamo occupando. Lui diceva le sue opinioni o faceva dei commenti critici su ciò che stavo leggendo o sui pezzi musicali che preferivo. Subito dopo il riposo a fine pranzo, era quello il momento della giornata in cui l'umore di mio padre era più sereno. Tante le domande che gli ho posto e sempre buone le risposte che ho ottenuto. Sebbene da adolescente non mostrassi comprensione per mio padre, così come lui non ne mostrava per il mio tempo, ho sempre cercato, spinto dal bisogno, dal desiderio, di raggiungere con lui un accordo perlomeno su alcuni dei libri che mi stavano a cuore. Quando a volte ci riuscivo, quando ad esempio lui mostrava di apprezzare un dramma di Brecht, mi venivano le lacrime agli occhi per la felicità, per la trionfante armonia. Come se tra di noi tutto, in fondo, potesse accordarsi...!

Thomas Mann non era solo il suo autore preferito (il primo Mann, per essere precisi, quello della fase monarchica) ma anche un'anima gemella riguardo al giudizio sull'avvicendarsi storico, che nel caso di mio padre fu più prodigo di ascese e cadute di regni, di quanto normalmente si pretende da una generazione. Da Thomas Mann mio padre prese in prestito anche lo stile. D'altro canto leggendo, poco tempo fa, alcune lettere che spedì a mia madre e a me, quando eravamo a Pontresina nel 1964 – il viaggio era il regalo per aver superato l'esame di maturità –, mi resi conto di come fosse capace di scrivere anche in un tedesco assai sicuro, elegante e non manierato, un tedesco decisamente attraente. Allo stesso tempo, in ambito letterario, mio padre tradiva una fatale inclinazione per l'ingenuo buon umore. Non finiva mai di raccomandarmi le bagatelle di un Rudolf Presber, con cui non riuscii mai a entrare in sintonia.

Non ho mai voluto leggere gli scritti del padre. Né il suo unico libro *Non morire così presto!*, né gli interventi polemici pubblicati sul mensile che prima si intitolava *Il compasso* e poi *Rivelazioni*, mensile che lui, seguendo il modello di Karl Kraus, scriveva e curava da solo, inviandolo poi per posta ai clienti interessati. Mia madre doveva imbustare e corredare di francobollo dai duecento ai trecento esemplari al mese. Col tempo gli interessati divennero sempre di meno, la vena satirica del padre cominciò a inaridirsi e i quaderni mensili finirono per riempirsi di articoli presi dai vecchi numeri.

Di tanto in tanto mi leggeva ad alta voce qualcosa di suo ed era costretto a sopportare il fatto che le sue malignità reazionarie mi provocassero disgusto. Che io non tenessi in considerazione la sua attività di scrittore deve averlo particolarmente ferito. Infatti era stato lui a fare di me un lettore.

Il filosofo che mio padre sentiva più vicino era Ortega y Gasset – cosa all'epoca certo non fuori dalla norma. «Li, sta' a sentire» diceva la sera a mia madre, quando sedevano l'uno accanto all'altra sul divano del tinello, lei con una rivista tra le mani e il padre *La ribellione delle masse*. Poi lui leggeva ad alta voce una pagina, cercando di coinvolgere la mamma in riflessioni un poco più impegnative. Così cominciavano entrambi a meditare e a fare ipotesi su varie questioni che riguardavano professione e famiglia.

Mi meraviglio di come questa impronta precoce, adesso che ormai da tempo sono entrato io stesso «nell'età del padre», lentamente, ma in modo inesorabile, manifesti il suo effetto. La rigidità severa del padre, perfino alcuni suoi punti di vista specifici risalgono alla coscienza come fossero un mio proprio patrimonio di esperienze. Si invecchia, nonostante l'irrilevanza sociale della tradizione, aderendo a ciò che un tempo si percepiva come irrimediabilmente antiquato. Forse si sta cercando solo di salvare per se stessi le ultime tracce di qualcosa che ci è stato tramandato, ed ecco che all'improvviso, sotto il deposito malandato ed esposto alle correnti di un'origine tedesca del dopoguerra, si apre un suolo più solido di quello che mai si è calpestato nelle posteriori appropriazioni spirituali di terreno.

Oggi, 9 aprile 1990, il padre avrebbe festeggiato il suo centesimo compleanno.

Da quando mi toccò questo destino sono passati cento anni. Che cosa gli avrei regalato questa volta? Una scatola di sigari della marca Europa. (Qui ne ho ancora una, piena di mollette per i panni.) Cosa faremo oggi, nel tuo genetliaco? Centenario, guarderai i tuoi regali, ammirerai i fiori, leggerai le due lettere di auguri, una della sorella Martha e l'altra del cognato di Gladbach. I soliti saluti professionali, dai clienti, ma tra essi, regolarmente, anche dei regali, dalla Foresta nera, come ogni anno, il dolce a forma di tronco d'albero. Come tutti i giorni poi ti siedi alla scrivania e cominci il lavoro. A pranzo, i tuoi piatti preferiti, omelette con ripieno di carne e insalata verde. Dopo il riposo del mezzogiorno, forse fissi un poco più a lungo la luce del sole, con l'occhio socchiuso. Più tardi si mangia la torta e Frau Landes, la vicina di casa proprietaria del negozio di moda Landes, regala una confezione di fazzoletti della migliore qualità.

Negli ultimi anni una pietra levigata, un'agata, stava appoggiata sulla tua scrivania. Un regalo di compleanno di mia madre. Incastonata nella pietra, la pallottola, il proiettile con la punta arrotondata, che in una notte di battaglia del 1916 trapassò l'osso frontale del padre, sopra la radice del naso, distruggendo l'occhio sinistro. Ogni anno in famiglia, nel giorno cui mio padre era stato ferito, c'erano fiori e cose buone da mangiare. Sotto la pietra, il memento, oggi c'è un foglietto con le ultime righe che mio padre ha scritto a mano. Un abbozzo di titolo, calligrafia incerta, per quella che avrebbe dovuto essere un'opera di consultazione medica di profilo popolare: *Farmaci: la grande truffa*. Un'opera di divulgazione per le masse, il cui benessere, in realtà, a mio padre non stava poi a cuore più di tanto.

La tua morte non l'ho fatta mia, allora, nell'anno del distacco, il 1971. Camminavo con lo sguardo rivolto in avanti, il peso del lutto non mi piegò. Pensai anche che a te stesse bene così. Vedevo che negli ultimi tempi ne avevi abbastanza e che la vita ti stava diventando troppo gravosa. Di sicuro solo per proteggermi dall'assalto del dolore, conclusi che per te fosse stata una liberazione. Lentamente ho cominciato poi a penetrare, a crescere, nella tua morte e in questo vasto senso della perdita. È diventato l'anello di bronzo che racchiude la mia coscienza. Ti vedo nel pieno della tua morte, quale anima esaurita e buona, come se gli inferi ti avessero portato via senno e cattiveria. Tu, unica fonte del mio ricordo! Mai, di nessun evento accaduto mi sarei ricordato, senza la tua educazione al ricordo. Tutto ciò che fu, è stato, in assoluto, grazie a te. Ma nel giorno del tuo compleanno smettiamo di parlare della tua morte, parliamo piuttosto dei giorni felici, di quando eri un ragazzo e con i tuoi fratelli vogavi sull'imbarcazione a quattro lungo la Saar. Noi abbiamo vissuto sempre sulla riva dei fiumi e insieme ai fiumi. La Saar e la Saale, poi, più tardi, per noi due insieme, la Lahn. Sono questi fiumi che ci hanno reso la vita stabile così difficile.

Quanto lo amavo nei momenti in cui mi spiegava qualcosa! Nel 1955, quando ci presentammo dal rettore alla scuola elementare Freiherr vom Stein di Ems e poi camminammo sul ghiaccio, sulla superficie gelata della Lahn, lui mi teneva per mano. Naturalmente subito dopo si doveva andare a comprare gli album di fumetti (*Tarzan*, *Akim*, *Sigurd* ecc.) dalla signorina Wurzler, nel suo negozio di giornali. E mio padre, indicando la Kurbrücke, il ponte di ferro, mi spiegava per quale ragione guardare nella luce del sole a occhio nudo rafforza l'organo della vista... Un occhio. La lente sinistra degli occhiali che copriva l'orbita vuota, dentro solo un piccolo taglio rossastro, era color carne, protetta di lato da una sorta di paraocchi, così che nessuno poteva vedere la ferita. Che mio padre abbia sofferto per tutta la vita a causa di questa deformazione, me ne rendevo conto assai spesso, con imbarazzo, quando lui rimetteva bruscamente al loro posto gli ingenui che osavano domandargli che cosa avesse «all'occhio». Aveva perso la vista tridimensionale e le papille gustative erano danneggiate. A volte mi sveglio la notte, la punta del dito nell'orbita vuota, e tocco la cicatrice della Prima guerra mondiale sul suo viso. Quanto tempo fra lui e me! Ciò che era accaduto, la storia, scorre attraverso la punta delle mie dita, in sogno. Venni al mondo sotto lo sguardo di un occhio che rideva e di uno senza vita, distrutto da un colpo d'arma da fuoco. Come potrebbero mai venirmi in aiuto simmetria ed equilibrio?

 Che infamia però che io provassi così tanta vergogna se lo incrociavo sulla strada della scuola ed ero insieme ai miei compagni, se mi veniva incontro al ritorno dalla sua passeggiata mattutina e io non avevo il coraggio di salutarlo con naturalezza! Non dimentico il sorriso amaro con cui cercava di consolarsi del fatto che lo rinnegavo. Sì, io provavo vergogna per quell'uomo intollerante, la cui andatura era così provocatoriamente diversa da quella degli altri, disinvolti, cittadini. E oggi continuo sempre e di nuovo a vederlo venirmi incontro sulle strade che percorro! Se solo servisse a qualcosa il pentimento, la forma più pura del rievocare la presenza!...

 Lui era un uomo. Un individuo che possedeva l'antico formato di un personaggio alla Ibsen. È un uomo chi è capace di amare e di odiare. Non un difensore di «una cosa vale l'altra». Era uno spregiatore del popolo, preda di goffi abbagli. Mai però un mascalzone, mai uno che avrebbe fatto del male agli altri. Per quanto fosse duro il mio misurarmi con lui, aspro il livello del nostro scontro, io dipendevo da mio padre come un allievo dal maestro. Lui era un uomo inattuale e lo era con forza e rabbia. Per alcuni aspetti assomigliava a quello che diceva Kierkegaard di suo padre: malinconico e altero; colui che soffoca il bimbo nell'amore. A volte mi sembra che mio padre, che vedevo ogni giorno scrivere, mi costringesse a prendere da lui quella posizione con la schiena piegata e, imitandola, a perpetrarla. Non fu né decisione né libero arbitrio.

Quest'uomo che non credette per nulla in me e che anzi immiserì e oppresse la vita che gli restava con l'idea fissa di sapermi tranquillo economicamente fino alla fine dei miei giorni, che con tutto il suo amore mi voleva quindi rendere inerme, quest'uomo non mi aveva lasciato alcuna scelta. Un uomo serio, sì. Energico perfino nel suo ridicolo indignarsi e negli errori, come se ne avesse bisogno per nutrire il suo cruccio.

Ricordo che in occasione del suo settantacinquesimo compleanno fu lui stesso a scrivere, per la *Deutsche Apothekerzeitung*, sulla quale venne anche pubblicato, un piccolo articolo che celebrava l'anniversario. Nessuno aveva pensato a ricordarlo pubblicamente, come di solito avviene per uno scrittore nel caso di una simile data. E io l'ho fotografato, seduto alla sua scrivania, la mano appoggiata alla fronte, a nascondere la ferita. La macchina fotografica me l'aveva regalata lui quando eravamo andati a Trier, durante il nostro secondo viaggio nella sua patria. In occasione del primo viaggio, grazie a lamentose e continue richieste, ricevetti una camicia texana, a maniche corte, con stampate scene della giungla tropicale, cosa allora di moda e che mio padre aborriva. Questo, e molto altro ancora, che lui mi concedeva solo con riluttanza, era di fatto il prezzo che doveva pagare per avermi accanto a sé in quei viaggi sentimentali, da signore anziano che ritorna nei luoghi della propria infanzia. Una macchina fotografica 6 x 6. A Trier andammo a visitare le rovine di un teatro all'aperto e lì vedemmo *Le allegre comari* di Otto Nicolai. Era un continuo camminare insieme. «Se solo riuscissi a risparmiarti il servizio militare» diceva mio padre. Il fatto che presto sarei stato chiamato alla leva era per lui fonte di continue preoccupazioni. Odiava profondamente l'esercito e i militari. (I militari amava descrivermeli come gente fallita, che dopo la Grande guerra si era ridotta a vendere sigarette nei chioschi.) Riuscì a evitarmi il servizio militare. Quando venni chiamato alla visita di leva, consegnai un documento che mi aveva dato lui, forse la lettera più bella e più preziosa della mia vita, in cui mio padre descriveva il suo destino di invalido di guerra, di profugo dall'Est, di libero professionista già in là con gli anni, e inoltrava la domanda che suo figlio fosse esentato dal servizio militare, dato che sarebbe toccato presto a lui, al figlio, provvedere al sostentamento del padre. In questo modo io non ottenni l'esenzione completa dal servizio militare, ma il rinvio al termine degli studi. In seguito non venni più richiamato.

Sono ormai due generazioni che io vivo la pace. Difficile immaginarsi, verrebbe da pensare, che continuerà sempre così. Diversamente che all'epoca di mio padre, la rottura dell'equilibrio per noi potrebbe verificarsi forse solo quando saremo in età avanzata, e allora nulla ci avrà prima temprato, così da poterla fronteggiare. Il padre partì soldato per la Prima guerra mondiale a ventiquattro anni. Poco tempo dopo tornò dalla Francia con la fronte distrutta da una pallottola, un giovane uomo gravemente invalido. A quel punto ne aveva abbastanza di entusiasmi patriottici, tuttavia in cuor suo rimase fedele al Kaiser, continuò a essere, a modo suo, un nazionalista tedesco. Visse il crollo della democrazia nella Repubblica di Weimar, il Reich di Hitler, la Seconda guerra mondiale, questa volta rimanendo a casa. Abbandonò ciò che aveva a Naumburg, passò a Ovest, ricominciò come libero professionista tutto da capo, a sessant'anni.

«Siamo andati via» lo sento dire «perché là ti avrebbero educato a essere un comunista e noi non lo volevamo.» Di fatto mio padre sarebbe potuto tranquillamente rimanere a Naumburg: di lui potevano avere bisogno, gli avrebbero trovato una buona sistemazione, certo dopo avergli espropriato la fabbrica. Ebbe abbastanza coraggio per lasciare tutto, pur non avendo il benché minimo talento imprenditoriale. Nell'età in cui altri si preparano ad andare in pensione, scelse la via della fuga con tutta la famiglia, inclusi il cognato, la cognata e la suocera. Iniziò una nuova vita, affrontando una serie di incognite. La sua scommessa non l'ha davvero vinta. L'esistenza all'Ovest non gli avrebbe portato più vantaggi in paragone a quelli di cui, per pochi anni, aveva goduto «dall'altra parte», in quanto comproprietario di un'azienda farmaceutica.

Dallo stile di vita della buona borghesia passammo a uno decisamente umile, talora piccolo borghese. A determinate condizioni la lecitina può sciogliersi completamente nell'acqua? Questo era il tema delle sue ricerche. In casa faceva esperimenti con ogni tipo di provetta. Se la lecitina non avesse «flocculato», il grande successo sarebbe stato raggiunto. Solo che gli strumenti di laboratorio a sua disposizione erano assolutamente inadeguati. Mio padre incaricò quindi un produttore farmaceutico suo amico di svolgere, seguendo le sue istruzioni, degli esperimenti più precisi. Non ricordo più quale fu alla fine il risultato. A ogni modo, il travolgente successo in cui si sperava, anche questa volta, non arrivò.

Quello di cui lui andava più orgoglioso era il suo unico libro. *Non morire così presto!* dopo la guerra venne ristampato. E venne anche tradotto in olandese. Una volta, sfogliando nel catalogo autori di una biblioteca scoprii due titoli di mio padre. Aveva pubblicato anche una serie di opuscoli su questioni sanitarie. Trovai il padre autore accanto al figlio autore. A ogni modo, in questa tomba, noi due giacciamo già adesso insieme. Un'altra volta, leggendo un opuscolo che aveva scritto nel '38 provai sgomento davanti a una frase alquanto spiacevole. Allo scopo di rigenerare cervello e psiche, si consigliava la partecipazione alle attività della *Hitler-Jugend*. Questa mi sembrò un'affermazione grave per qualcuno che si era considerato un accanito avversario di quel regime e che come tale si era anche comportato. È possibile che la sua incursione nei territori del Terzo Reich fosse in questo caso un appello a favore del prendersi cura della propria salute secondo metodi naturali (cosa che oggi sostengono innumerevoli opuscoli alternativi), però può anche darsi che a portarlo fuori strada fosse stato, in una certa misura, un tentativo di ingraziarsi le masse popolari come potenziali lettori. In ogni caso fui sollevato constatando che nell'opuscolo non comparivano da nessuna parte le parole popolo e salute del popolo. Tuttavia il fatto che mio padre avesse usato il nome di Hitler, consigliando qualcosa, mi aveva colpito.

I passi, i rumori, la voce del padre nel corridoio, coscienziosi, corretti, fondamento dell'abitudine. Odore del caffè e odore della stoffa del copricaffettiera. I panini freschi nel sacchetto con il nome ricamato sopra, appeso alla porta di casa. Mattine buie verso fine novembre, una settimana prima del mio compleanno, risveglio confuso, al primo sguardo nello specchio quasi ripiombare nel sonno, crampi allo stomaco al pensiero delle domande indagatrici che mi aspettano in classe. Il mio cappotto blu scuro, di popeline, decisamente troppo lungo, con le spalline e la fibbia della cintura argentata, troppo lungo e sporgente in fondo; risultavo abbigliato sempre un po' da damerino, troppo da adulto per l'età che avevo, e gli abiti non erano mai davvero quelli giusti, mai di autentico buon gusto. Capanna sull'albero, pendio del bosco, pomeriggi della domenica al cinema, giri in bicicletta e l'odore di gomma nella borsa con il costume da bagno umido, cena frugale, e le prime immagini televisive in bianco e nero, Erhard, Peter von Zahn, Ulbricht. Ogni immagine, anche la più transitoria, era il deposito iniziale di un fondo di impressioni percettive, dal valore stabile e ad alto tasso di interesse, in grado di garantire alla vecchiaia una buona rendita in memoria. L'ampliamento di un orizzonte non di rado consiste nell'aprirsi di una persona a ciò che è stato. Solo sul piano del ricordo ci si può ancora espandere, arricchire, si può crescere. Ci si ricorda di un tempo in cui ancora si godeva del riparo offerto dal futuro: le cose, anche il nostro modo di affrontarle, dovevano ancora accadere. Non c'è stata nessuna infanzia felice. Nel corso degli anni c'è piuttosto una disordinata quantità di delusioni, che ci riporta a quei giorni, in cui ogni cosa odorava ancora d'innocenza, ogni esperienza conteneva la promessa che presto sarebbe stato diverso; quello che c'era di doloroso nell'immaturità sarebbe scomparso, mentre l'aspetto piacevole della giovinezza accresciuto una volta diventati grandi, padroni di se stessi quanto basta.

Non dovevo ancora arrabbiarmi perché uno dei miei coltelli da esploratore possedeva in realtà un'impugnatura di plastica da pochi soldi, volgare imitazione di un vero coltello da caccia con il manico in corno, mentre l'impugnatura dell'altro, quello che preferivo, era ricoperta di rafia. I miei concetti erano ancora arricchiti da prezioso non sapere.

Eccola di nuovo davanti a me, Ems, la mia piccola città. Il fiume, la Lahn, si incurvava tra le colline del Taunus e del Westerwald, vedevo i tre ponti, il Kurhaus con la cupola sul portico nel Promenadengarten. La strada in cui sono cresciuto, la Römerstrasse, tra il fiume, i vari edifici termali e la montagna, un passaggio stretto, in cui spesso le automobili si bloccavano. Quando ero piccolo, le auto potevano viaggiare in doppio senso e per attraversare la strada guardavo automaticamente prima a sinistra e poi a destra, cosa che faccio anche adesso, anche se da tempo la Römerstrasse è priva di macchine, chiusa al traffico.

In tutta la sua bellezza, se ne sta timida e smarrita, la località di cura, disprezzata, poiché una volta era un famoso «bagno imperiale», tramontato lo splendore erano però arrivati subito i tempi dell'assoluta mediocrità, in cui dal bacino della Ruhr calavano pazienti della mutua a curarsi catarri bronchiali e problemi circolatori. Le orde di «stecchi», come li si chiamava da noi, si erano poi ridotte a pochi pazienti, da quando le casse mutue avevano reso più rigidi i criteri per definire gli aventi diritto alle cure termali. Lungo il fiume, tra il Taunus e il Westerwald, lo spazio era scarso e quindi l'aspetto della città di fondo non era cambiato dai giorni in cui venivano qui a fare le cure termali e a godere la villeggiatura estiva Dostoevskij, il Kaiser Wilhelm I, Effi Briest e Wagner. Di fatto non esistevano quasi industrie, la guerra non aveva causato pressoché nessuna distruzione degna di nota, le miniere di ferro e d'argento, un tempo insieme alle fonti termali la più importante risorsa del territorio, erano ormai inattive da decenni. Il padre del mio migliore compagno di scuola era ancora un funzionario dell'amministrazione mineraria. Poi non ne valse più la pena, lavorare il bronzo cominciò a non essere più redditizio, il prezzo dell'argento sul mercato prese a calare e l'ultima miniera fu chiusa negli anni sessanta.

Stando dalla parte del Taunus sulla riva della Lahn contemplavo la passeggiata dall'altra parte del fiume, che conduce a dove un tempo c'era il grande edificio scolastico, il Goethe-Gymnasium. Lì vicino la diga mormorava senza smettere mai. Cosa significa mormora*va*? Lì mormora sempre.
 Infatti la sento adesso così come in passato, durante tutte le ore di studio. La scuola fu demolita. Al suo posto oggi c'è un bagno termale. Nessun cortile, nessuna ora di lezione di cui si ha paura oppure facile da far passare. Sempre e solo la piccola cascata della diga e prima il fiume che si biforca, il suo braccio silenzioso che scorre nella chiusa dove ci sono i barconi.

In sogno correvo per il piano superiore del Goethe-Gymnasium, poi scendevo giù per lo scalone di pietra e cercavo il bidello, Herr Ritter, che beveva sempre latte dalla bottiglia, per non far notare quanto il suo fiato puzzasse di grappa. Ah, questo edificio familiare e opprimente! Questo grande, pesante blocco rettangolare, da sempre una scuola a memoria degli scolari, in origine un istituto educativo! Da tempo immemorabile le scricchiolanti panche in legno con i sedili ribaltabili, i banchi pieni di intagli, le file in salita, come in un auditorio, per le lezioni di fisica e chimica, invece tavoli singoli con le sedie per musica e disegno, una disposizione nello spazio, questa, che sarà poi usuale alle superiori, nell'ultima classe prima della maturità, l'aula a destra, in alto, che dava sulla Viktoriaallee. Quante volte da quell'aula lo sguardo, desiderando la libertà del pomeriggio, si metteva a vagare sui dolci pendii sopra la Lahn e la città vecchia, e poi verso Fachbach. L'edificio basso e la calma nei corridoi durante la lezione. Attraversati di corsa e con il cuore in gola, invece, i corridoi bui, se si arrivava tardi, le lunghe file di appendiabiti, tutti già occupati dai cappottini con il cappuccio! Il passo sicuro di sé, per contrasto, con cui si camminava per quegli stessi corridoi quando, durante l'ora, si doveva fare qualcosa per ordine del maestro, quando si era investiti di una missione importante, quando magari era stato perfino il preside a convocarci...

Questa notte l'avevo davanti a me, il preside, presenza incorruttibile, il dottor Seifert, nella sua stanza. Noi allievi scelti della prima e dell'ottava classe del ginnasio leggevamo, ognuno con il proprio ruolo, *Il villaggio di Stepančikovo e i suoi abitanti*, una sua rielaborazione da Dostoevskij. Il direttore aveva tratto dal romanzo un radiodramma, che però nessuno volle mandare in onda. Il dottor Seifert si era messo quindi a provarlo con noi, come pezzo teatrale per la rappresentazione che facevamo a ogni festa di fine anno. Lo vedevo mentre giocava con i suoi occhiali, tenendo la stanghetta tra le labbra. Andava avanti e indietro sulle sue gambe leggermente curve, sbattendo le palpebre, gli occhi levati in alto fino a mostrare il bianco, quando faceva le sue secche battute. Una voce graffiante, dal tono decisamente nasale, denti grossi; la fronte piatta, sfuggente, i capelli bianchi, sottili, ingialliti dal fumo della pipa. Salutava con ripetuti brevi cenni del capo. La pipa in bocca, i denti rovinati. Gli piaceva molto *Il capitano di Köpenick* e a noi studenti affidò la scena in cui i detenuti dovevano recitare la battaglia di Sedan. Per tutti quegli anni venne a scuola con la sua vecchia moto, indossando il cappotto e un berretto di pelle; la preferiva all'automobile, perché gli dava una postura da cavaliere. Il *Direx. Rex temporis acti.*

Un compagno di scuola, un amico che aveva avuto la poliomielite e per questo in famiglia gli venivano permesse più cose che a me, veniva trattato in modo meno rigido: Gerald Stolze. Possedeva una pistola ad aria compressa. Nel giardino inselvatichito io e lui sparavamo dei proiettili appuntiti, con attaccate delle piume colorate. Insieme a lui ho fumato per la prima volta, chiamavamo «Walders» gli steli dei rampicanti che scintillavano prima di incenerirsi. Sempre con lui, più tardi, ho fumato la mia prima sigaretta, Overstolz. Gerald Stolze sembrava di continuo voler suscitare compassione ed era vagamente bigotto, come sua madre. Gli occhi del padre, un prete, dietro le lenti degli occhiali che riflettevano la luce, apparivano leggermente sfocati, acquosi. Un giorno, quando tra me e Gerald il rapporto non era più dei migliori, suo padre venne dal mio. Il pastore Stolze tremava e zoppicava, come se anche lui avesse la polio. Faceva tutte le commissioni usando la bicicletta, la gamba dei calzoni fermata con un laccio. Sembra avesse fatto parte, per un certo periodo, del gruppo intorno a Martin Niemöller. Però era una storia che sentivo raccontare da molti anziani pastori protestanti: tutti erano stati membri della Bekennende Kirche. Dopo. D'altro canto si raccontava anche che il pastore Stolze fosse stato mandato in pensione prima del tempo perché aveva commesso una truffa. Herr Stolze quella volta venne da noi per mostrare a mio padre una penna stilografica di suo figlio, che non funzionava più. Ne illustrò in maniera dettagliata le caratteristiche e spiegò che, secondo Gerald, ero stato io a danneggiare il suo funzionamento. Mio padre trovò la visita strana ed esagerata. Si domandò se il pastore in questo modo maldestro non cercasse piuttosto di fare la sua conoscenza. Finì quindi per trattarlo un poco dall'alto in basso e, dando l'impressione di non prendere la faccenda alla leggera, gli mise in mano il denaro necessario per comprare una nuova penna stilografica. Il modo in cui mio padre tirava fuori il portafoglio dalla tasca posteriore dei pantaloni era un gesto assolutamente peculiare, che non solo rimase indissolubilmente legato alla mia cupidigia di bambino, ma anche a una generosa retribuzione, che ricevetti in seguito, da studente. Poiché frequentavo le lezioni non obbligatorie di greco antico, offerte dal nostro ginnasio orientato invece, per programma, verso le lingue moderne, mio padre mi dava dieci marchi, per ogni doppia ora. Fu l'investimento più utile e redditizio della mia vita.

Gerald Stolze si mise in seguito ad allevare criceti dorati, che poi non riuscì più a smaltire da nessuna parte. C'era un venditore di giocattoli, grasso e piccolo di statura, che commerciava anche in animali. Noi bambini lo consideravamo, a quanto pare a ragione, un bell'imbroglione. Alla fine Gerald aveva dato a lui i suoi criceti. Ne ricevetti uno anch'io. Il criceto, poco dopo, partorì così tanti piccoli, che se li mangiò tutti, tranne uno.

Quelli nati dopo, ridevano del fatto che qualcuno, come mio padre, prima fosse entusiasta della guerra e appena superato l'esame di maturità decidesse di partire per il suo Kaiser, e poi, dopo che il servizio nell'esercito gli era costato un occhio, si trasformasse in pacifista. L'avesse avuta prima una coscienza morale! Come se a stabilire la legge che governa la vita umana fossero gli sputasentenze, fosse l'ironia dei cabarettisti! Il destino plasma sempre una visione delle cose più profonda di quella che gli intelligenti, che non hanno mai sperimentato la forza del destino, possano accampare.

Alla maggioranza delle persone della mia generazione è toccato solo un destino silenzioso, l'assenza o il rinvio del grido che squarcia la nebbia. Questo grido lacerò invece la notte d'inverno lorenese nell'anno 1916, quando il proiettile dell'arma da fuoco trapassò la fronte del giovane venticinquenne della Saarland, e rimase conficcato nell'osso, mentre un fiotto di sangue inondava l'occhio sinistro, spinto fuori dalla sua orbita. Attorno a lui, da ogni parte, i lamenti e le grida dei compagni che morivano; far bere un soldato o un altro dalla sua borraccia, prendere in consegna l'ultima lettera – di questi racconti il bambino non ne aveva mai abbastanza. Che cosa darei per sentire ancora una volta tutti i particolari di quella notte infernale, e attraverso la tranquillità di colui che racconta, del sopravvissuto, accogliere dentro di me tutta la violenza di quel colpo andato a segno, la svolta di una vita!...

Chi è già pacifista, lo voglia o meno, perché negli ultimi sessant'anni ha guardato in faccia solo ed esclusivamente visi di pace, ha sbrigato ogni giorno faccende di pace, ha passato il tempo in stanze di pace godendosi panorami di pace, questo non dichiarato pacifista osserva, da una di tali stanze, guerre, nemmeno più così lontane, che si sviluppano perlopiù in modo asimmetrico e con fronti difficili da definire. Può darsi che ora a sopraffarlo sia la visione di una pace che all'improvviso va in pezzi anche nel suo paese. Atti di terrorismo e fanatismo precedettero anche il 1914, l'epoca in cui il padre ricevette la chiamata alle armi e partì per un fronte a ogni modo identificabile. All'attentato di Sarajevo comunque non si poteva attribuire un carattere davvero inaspettato, la guerra non sorprese un'Europa amante della pace.

Con quale allegria mio padre raccontava invece dei suoi anni di gioventù passati a Merzig an der Saar, durante l'ultimo decennio del diciannovesimo secolo! Messi insieme noi due, io e lui, oggi, 9 aprile 1990, riusciamo a coprire, in successione diretta, più di un intero secolo... Costruire barche a remi e fare recite in soffitta con gli altri sei, tra fratelli e sorelle. E se anche lui avesse voluto diventare un artista e fosse stato invece costretto a reprimere ogni impulso in questa direzione? Non è potuto nemmeno diventare medico, come avrebbe desiderato. Dopo la morte del padre mancavano i soldi per completare gli studi di medicina. Passò a farmacia. Quanta dura privazione! La guerra, la ferita e un mestiere che non gli piaceva. Durante la Repubblica di Weimar si guadagnò da vivere come sostituto nelle farmacie. Per molto tempo lavorò nella farmacia della stazione a Francoforte.

Lo stesso a Zurigo, a Lipsia, a Monaco. Raccontava molto dei malati, degli invalidi di guerra e di quelli che dipendevano dalle droghe, che lui aiutava, fornendo loro la morfina. Prima di isolarsi dal consorzio umano, era entrato in contatto con molta più gente di quanto è accaduto a me.

Penso spesso a come mi metteva in guardia, quando io non alzavo gli occhi dai libri. Citava una massima del *Tasso*: un talento si forgia nella quiete, un carattere nel tumulto del mondo.

Dopotutto, lui si era immerso nel tumulto del mondo; perlomeno, aveva vissuto in mezzo agli uomini, alla gente. Come un lavoratore girovago, era passato da una farmacia all'altra, facendo delle sostituzioni si era guadagnato il pane per molti anni. Aveva conosciuto ogni tipo di gente, in tutte le regioni della Germania, prima di ritirarsi nella quiete. La sua futura misantropia era basata su una vasta esperienza raccolta nel corso di una vita movimentata, imparagonabile alla mia.

Le sorelle di mio padre si chiamavano Tilla, Frieda, Martha, Mariechen. I fratelli Max e Heini. Il padre Ed, da Eduard. Una volta ricevetti una lettera dal figlio di Mariechen. All'epoca era presidente del tribunale provinciale a Saarbrücken. Di lui non sapevo nulla. Nella lettera, tra le altre cose, ricordava il fatto che negli anni cinquanta io ero andato a fare visita alla zia Martha a Düsseldorf. Sì, questo è vero. Quando la zia mi intravide sulle scale dell'ingresso di casa, la scosse un brivido di spavento, che non dimenticherò mai. «Wolfgang!» esclamò, salutandomi con gioioso sgomento. Era il nome di suo figlio, disperso in guerra. In un primo momento mi aveva scambiato per lui, per il figlio, che tornava a casa dopo tanto tempo. Reazione del tutto spontanea all'immagine sensibile, sebbene la zia fosse informata della mia visita. Per statura, età e aspetto generale, evidentemente assomigliavo a quel Wolfgang, così come era allora, tanto tempo prima, quando era partito per la guerra. All'epoca di quell'incontro io avevo forse diciassette anni e l'ultima volta che lei mi aveva visto era stato quando aveva ospitato me e i miei genitori in fuga dall'Est, dieci anni prima. Quell'attimo in cui io feci su di lei l'effetto di un'apparizione, come la percezione di un sogno divenuto realtà, come qualcuno che era risorto, come un rivedersi intatto, mi sconvolse. Quell'improvviso credere al miracolo che le illuminò il volto deformò, rese vano, il mio arrivo reale. Ebbi paura di rimanere imprigionato nel suo abbaglio, come un pesce nella rete. Poi però la zia capì chi dovevo essere. Io percepii la sua delusione e anche questa delusione mi è rimasta impressa nel profondo. In seguito, ogni mio arrivo è diventato insicuro, a causa di quel preventivo sospetto che io possa deludere. Sento ancora il cambiamento nella voce della zia, il suo scendere a un tono quotidiano, l'emergere di una certa sua tipica rozzezza renana, di quell'amara ironia che lei di solito riservava alle persone dopo che aveva perso l'amato figlio. Quanto più caldo e ricco di emozione risuonava il suo grido nato dalla sorpresa del cuore, nel momento dell'abbaglio felice! Come ho detto, da quel momento in poi, sul mio giungere da qualche parte, non importa dove, grava l'ombra di qualcuno a me superiore, di colui che si rimpiange. Inoltre, con gli anni, i miei svariati arrivi mi hanno insegnato che di fondo non esiste alcuna attesa esaudita. Esiste l'attesa delusa e tutto il bello di ciò che accade inaspettato.

Von Walchen viene in visita domani! L'anziano consigliere legale. In questo preciso momento lo vedo a distanza ravvicinata, *close-up* della memoria, solo la sua faccia. I genitori lo conoscevano dai tempi di Naumburg. Io ero tenuto a rivolgermi a lui usando il suo titolo, fino a che non fu lo stesso von Walchen a permettermi di tralasciarlo. La sua profonda cicatrice, ricordo di duelli studenteschi, all'angolo sinistro della bocca, il suo naso alla Wagner, le sue difficoltà di respiro, la grande testa tonda come una palla, con i pochi capelli dal taglio militare. Al mignolo della mano sinistra portava l'anello della moglie morta, il pizzo di un fazzoletto spuntava dal taschino della giacca, gli occhietti azzurro chiaro sembravano più intelligenti di tutta la sua persona. Avvocato mediocre, lavorava nello studio legale del dottor Weber, che io avevo incontrato una volta, dopo un concerto della Rheinische Philharmonie. Per un paio di mesi il dottor Weber era stato ministro della Giustizia quando Erhard era cancelliere.

Von Walchen veniva ogni due settimane a Ems a cena da noi, in alternanza i miei genitori andavano a Coblenza per incontrarsi con von Walchen nel ristorante Ewige Lampe. Mio padre si lamentava regolarmente di quelle visite mortalmente noiose. Per via dell'asma, l'amico veniva spesso a Ems. Aveva incontrato i miei genitori sulla passeggiata delle terme e si era presentato loro come un vecchio abitante di Naumburg, facendo il nome di conoscenti comuni in quella che era la patria di un tempo.

«Von Walchen viene domani», così sospirava anche mia madre mentre preparava tutto per riceverlo, sebbene lui le portasse regolarmente dei fiori, le facesse il baciamano e fosse con lei premuroso all'uso di un cavaliere d'altri tempi. Più forma che spirito. La forma tuttavia non sembrava vuota, bensì sincera, mai fatua o vanesia. Von Walchen amava la musica sinfonica. Andava regolarmente ai concerti in abbonamento organizzati dalla Rheinische Philharmonie. All'epoca lo facevo anch'io. Von Walchen mi regalò un piccola pubblicazione sui Berliner Philharmoniker, poi dei libri su Furtwängler e Karajan. Una volta che venne a pranzo da noi, i due anziani signori, il padre e l'amico di casa, si misero a riposare insieme sul divano. A un certo punto tra di loro sorsero dei malumori; credo che fossero da collegare a una controversia giudiziaria in cui fu von Walchen, in quanto consigliere legale, a rappresentare mio padre.

Von Walchen non si fece più vedere; si limitò a mandare i saluti in occasione delle feste. L'intolleranza di mio padre era riuscita a scacciare anche quest'ultimo, pallido residuo di convivialità borghese. Più nulla, più nessuno. Solo quella piccola culla di calde e accoglienti, anguste e rilassate abitudini. E tuttavia c'erano le sere d'estate, in cui mio padre e mia madre salivano per il ripido Pfahlgraben (quello che un tempo era la linea del *limes* romano) fino a raggiungere il nostro terreno sul pendio, con il piccolo casotto in muratura, che sorgeva su un appezzamento incolto, dove la vegetazione cresceva selvatica. Mi ritiravo spesso qui, dopo la scuola, a sparare con la pistola ad aria compressa, bucherellando dei contenitori del latte che avevo precedentemente riempito. Loro arrivavano con la sporta piena di quello che serviva per una cena fredda. Ci mettevamo seduti sotto la tenda da sole davanti al piccolo casotto, mio padre beveva la sua birra e ragionava sull'ipotesi di portare acqua ed elettricità in questo appezzamento di terreno e di chiedere addirittura un permesso edilizio per costruire una casa – qui, di molto sopra l'ultima casa abitata di Ems e con una vista che in fondo si inoltrava nella valle della Lahn. Poi però non se ne fece più nulla, il desiderio della villa solitaria sul pendio rimase tale, già solo per ragioni finanziarie.

Così la nostra unica proprietà restò il semplice casotto del giardino, senza acqua e senza luce elettrica. Che adesso le ore della sera trascorse su quel terreno in discesa io le veda ancora una volta così da vicino, una zoomata dell'obiettivo nel tempo che fu, alla fine significa possedere più di una villa, provoca una dolce pena, fonde miracolo e ferita del trascorrere del tempo.

Le composizioni per pianoforte di Josef Suk per caso alla radio: *Quand maman était encore une petite fille* e *Jadis au printemps*... Quanto mi sarebbe piaciuto vedere mia madre danzare, da ragazza, durante le feste e i ricevimenti, con indosso il suo vestito più bello e seducente. Non so nulla della sua primavera, del suo splendore di giovane donna. Di tutto ciò, io ho conosciuto solo quello che si era conservato nel suo essere pieno di gioia di vivere, affettuoso... Era chiara la sera, quando, tra le sei e le sette, i miei genitori, a braccetto, facevano la loro passeggiata, compravano qui e là ancora qualcosa, un pacchetto di Finas o di Prince de Monaco dalla tabaccaia olandese, e *Hör zu*, il giornale, dalla signorina Wurzler... Io non ho che l'inizio di queste sere luminose d'estate, di inesauribile luce, e mi sembra che siano soprattutto le ore in cui monta l'attesa, durante l'infanzia, a fondare, con più forza di altre, il ricordo.

La memoria è una variabile della nostalgia, così che desiderio del lontano e desiderio di tornare, attesa e ricordo sono simmetricamente disposti nello stesso medesimo «enzima» dell'irraggiungibile.

Sento il rumore dei passi, mai passi strascicati, del padre, che non porta scarpe da casa e nemmeno pantofole, e si allaccia tutti i bottoni della giacca quando esce dal suo studio e cammina in corridoio. La pancia è ben poco sporgente, con gli anni poi scomparirà quasi del tutto.

L'uomo ferito, l'uomo controllato. La sua grande disciplina, ma anche le sue piccole gioie, le birre alla sera, la ricerca dei raggi del sole, come se quel suo unico occhio non spento ne avesse doppiamente bisogno. Tra i suoi piaceri c'erano anche le cose che poteva raccontarmi, e che su mia insistente richiesta ancora una volta mi raccontava. Noi due siamo cresciuti insieme a Ems, non appena gli fu possibile intendersi con me, più o meno intorno al mio decimo anno di età.

Ora che, fuori, la grande nevicata, arrivata così tardi quest'anno, porta con sé una quiete poco accogliente, ho nostalgia della festa del tuo compleanno, perché è da così tanto tempo che non ti ascolto raccontare. Ha mai fatto così freddo, il giorno del tuo compleanno? Certamente. Abbiamo avuto qualsiasi tempo – e i tuoi compleanni si ripetono, qualunque tempo faccia, fino a che io li conterò.

Sono le mani di mio padre che mi hanno fatto capire come i tratti del carattere, il cuore di una persona, possano manifestarsi fin nelle sue membra. Membra umane buone e coraggiose, non imbarazzate appendici. Quelle mani continuarono a guidarmi, per molto tempo dopo che esse non potevano più toccarmi, molto tempo dopo che la loro bella forma si corruppe, fino a diventare polvere fredda. Se fossero state mani deboli, vagamente affrante, mani appese al braccio come zampette, oppure se quelle mani avessero mai compiuto un gesto malriuscito, insicuro, falso o impacciato, io sarei da tempo uno che ha perso la strada, oppure, ancora peggio, continuerei a essere un figlio arrogante. Un atteggiamento simile però non ci fu mai. La sua mano, tuttavia, non era particolarmente abile, se si trattava di far funzionare e mettere a punto apparecchiature tecniche. La mano era in difficoltà e tremava leggermente; tremava rude e non impaurita, quando doveva far funzionare la radio o il giradischi. Non conosco la sua mano stretta a pugno, né ho mai visto le sue dieci dita profondamente intrecciate o accavallate. Solo le punte delle dita infilate appena le une tra le altre, quando le due mani erano appoggiate sulla pancia, durante il riposo dopo pranzo – così come le ho viste, l'ultima volta, sul letto di morte. Quella mano mi ha punito e accarezzato; mi ha indicato per la prima volta i fiori e la prima riga in un libro.

La sua mano mi ha mostrato le valli e i castelli, poi più tardi le gallerie e le case costruite dal nonno, l'architetto, lungo la Mosel e la Saar, lì dove lui aveva trascorso l'infanzia e la giovinezza. La sua mano poggiava allora sulla mia nuca e in realtà non stava indicando i contorni di nessuna zona di terreno, bensì mi esortava a guardare là, dentro la sua giovinezza, giovinezza di fronte alla quale il ragazzo impaziente, nel pieno dell'adolescenza, rimaneva invece indifferente. Incapace di provare insieme a lui nostalgia per il frutteto incantato, per la misteriosa capanna degli attrezzi, le barche a remi che aveva costruito da solo.

Doveva essere più o meno il 1960. Noi due stavamo di fronte alla casa in cui mio padre era nato, a Merzig an der Saar. Io guardavo con ben poca devozione l'edificio in mattoni rossi con dietro il giardino buio, in discesa. Ma è il *suo* cuore di mostrarmelo che mi batte nel petto adesso! Mio padre vide la casa in cui era nato più di settant'anni prima. La casa c'era ancora, senza costruzioni intorno, aveva lo stesso aspetto di un tempo, nulla era stato ampliato, nulla deturpato, la casa non aveva dovuto lasciare il posto a nessun edificio moderno, a nessuna falsa area verde. È solo un poco più tardi che il grande gesto distruttivo e innovatore si abbatté su città e campagna nella Bundesrepublik. E mio padre vide la chiesa in cui aveva fatto la cresima, anche la chiesa era stata lasciata così come era. Io però non vidi né la casa né la chiesa, solo, fotografai gli edifici, come lui desiderava. Anche questo, così come molto altro del mio atteggiamento insensibile, deve averlo addolorato. Ma che mancanza di comprensione da parte sua: come pensare che un ragazzino, che non ha ricordi, possa condividere i sentimenti di un uomo anziano!

Ma che cosa diceva quando noi due stavamo lì insieme? Che cosa mi ha mai detto?

Il gesto – la mano che si appoggia sulla nuca – raggiunge strati così profondi, perché viene dalla vita animale conservata in noi: è mordendolo alla nuca che la gatta afferra il piccolo, quando vuole proteggerlo.

Per quella mano era importante che l'atto del saluto rispettasse le forme. Poteva accadere che mio padre stendesse la mano, con un gesto incisivo, se, ad esempio, un compagno di scuola veniva a casa mia e dimenticava, o non riteneva necessaria, l'ovvia attenzione di alzarsi e salutarlo con una stretta di mano. A forgiare quella mano, a renderla ferma e onesta erano stati in grande misura l'insieme delle cerimonie, i gesti ponderati e tradizionalmente corretti che aveva compiuto. In nessuna occasione lui metteva la mano nella tasca dei pantaloni, eccetto che per tirare fuori il fazzoletto o le chiavi nel portachiavi. La mano sinistra a schermare l'occhio, appena poco più sul sopracciglio, il gomito appoggiato: così sedeva il padre al suo tavolo, quando scriveva. Quelle mani che mi guidavano, io non le ho mai viste preda dell'imbarazzo! Non le ho mai viste coprire entrambe a palmo aperto tutto il volto. La disperazione di quest'uomo spesso infelice non riuscì mai a risalire fino alle sue mani... sì, fino alle mani! Se si guarda un essere umano, le mani ora mi appaiono infatti la sua parte più spirituale e comunicativa. Una compostezza, quella delle mani di mio padre, una fermezza, che si erano andate formando indipendentemente da compostezza e fermezza dell'intelletto e del carattere, che in quanto tali non erano doni concessi nell'intimo a quell'uomo tormentato.

Negli anni più tardi una formazione ossea sporgente gli procurava dolore al palmo della mano destra, vicino al tendine principale. Oggi so, poiché anch'io sotto la pelle ho la stessa cosa, che si tratta di un ossicino anomalo di nessuna importanza. Lui però temeva che col tempo avrebbe potuto creargli delle difficoltà nello scrivere, dato che la sua mano stava comunque diventando più pesante e la sua grafia ancora più illeggibile. Nessuna penna stilografica andava bene per le sue dita, sebbene la mamma gliene donasse una nuova a ogni compleanno. Portava la fede nuziale all'anulare della mano destra. E l'anello stringeva così tanto la carne che lui non lo sfilava mai. Diversamente da quel che si vede nella *Melencolia*, il disegno di Dürer, era una mano aperta e non con le dita ripiegate, quella che accoglieva la guancia di mio padre e la copriva, senza fungere da stampella per lo spirito greve. Questa posizione io la collego piuttosto a un divertito stare in ascolto, ad esempio durante una trasmissione televisiva, nel qual caso il suo braccio sinistro era appoggiato di traverso sul petto e la punta delle dita toccava il bicipite di quello destro, ripiegato a formare un angolo. A ogni modo, a volte le mani se ne stavano infilate entrambe nelle tasche della giacca, con i pollici a vista. Mani poco tranquille quando avevano a che fare con *oggetti autonomi*, quando bisognava scuotere l'ampolla, la fiala, e tenerla sospesa davanti alla luce. Mani banali, banali soprattutto quando battevano sui tasti della macchina per scrivere. E mani, al contrario, delicate e pronte ad allargarsi più che potevano, quando toccavano i tasti del pianoforte. Dato che lui non sapeva leggere le note dello spartito ma suonava solo a orecchio, il suo tocco aveva sempre qualcosa di impreciso, era il tocco di chi deve andare di continuo alla ricerca e le dita allungate piatte sulla tastiera nascondevano facilmente gli errori.

Se mi metto a elencare, così come mi vengono alla mente, una dopo l'altra, tutte le caratteristiche, le azioni, i modi di esprimersi tipici della sua mano – ecco, in questo preciso momento, rivedo la sporgenza rotondeggiante tra pollice e indice, quando toglieva dalla montatura degli occhiali la lente per leggere, simile a un monocolo, che sistemava davanti all'unico suo occhio, il destro, e poi riponeva in un astuccio di pelle e dentro il taschino del gilet, sì, lui portava sempre il gilet, seduto al tavolo indossava spesso il completo da passeggio, a volte invece al posto della giacca usava una giubba da casa, ma di certo non quando andava a tavola a mezzogiorno – se io raccolgo quindi gesti su gesti, quell'insieme basterebbe a evocare tutta la vita misera e piena di dignità di quest'uomo, una vita amara e audace, forgiata nel dolore, perlomeno quella parte di vita che io stesso, con una certa dose di coscienza, ho vissuto assieme a lui – con lui a tenermi per mano: gli ultimi sedici anni nell'appartamento a Ems, il mio diventare grande, angusto e al tempo stesso luminoso, con la vista sul fiume e all'ombra della montagna, con il parco delle terme, in basso, e i narcisi gialli ogni anno, a Pasqua.

Oggi molte mani non sono davvero temprate, il loro palmo non è abbastanza largo e incurvato. Quando se ne stanno aperte, da qualche parte, queste mani sembra che si vergognino e subito diventano nervose. Esse rivelano con fin troppa chiarezza la serie di minimi e miseri contatti a cui sono abituate, mostrano come sia più o meno privo di oggetti, astratto, il mondo che le circonda. Mani che si pizzicano e tormentano da sole, mani che si imbrogliano, mani irrequiete. Per non parlare poi di quelle che si artigliano a formare piccoli pugni chiusi. Pugnetti che nemmeno si agitano a segnalare una piccola vittoria, che mai potrebbero essere levati in alto a minacciare qualcuno, pugni chiusi solo lì dove le mani passano la maggior parte del loro tempo, ossia nelle tasche dei pantaloni. Questi pugnetti assomigliano più che altro a foglie malate che si raggrinziscono accartocciando i loro orli infiammati. Molto sarebbe dovuto accadere e non è accaduto: ecco tutto ciò che comunicano. Piccoli artigli ai quali nulla è stato chiesto!

Qualche notte fa andavo a passeggio con mio padre e fui costretto a vedere come, prima del ponte di ferro delle terme, lui cadeva a terra in ginocchio, si piegava lentamente in avanti e finiva disteso a terra.

Perdeva sangue dall'orecchio destro. Sapevo che era ormai arrivata la fine, e mi chinai verso di lui. Il suo occhio mi fissava opaco, e in esso c'era un dolore senza più forze che a stento mi chiedeva di venire in suo soccorso. La sua persona era senza vigore e fredda. E tuttavia fui assalito da uno strano senso di felicità. Non avrebbe più risposto. Eravamo liberati entrambi da un lungo e spesso penoso *confronto*, dal nostro reciproco *faccia a faccia*.

Così ora sono io il suo sentiero. Attraverso di me lui viene da questa parte, torna indietro. Io sono il suo mutamento, ciò di cui lui ha bisogno per muoversi liberamente tra là e qui, assenza e presenza. Io non so distinguere, non distinguo, lui è qui, lui è lontano... Continua sempre e di nuovo a passare di qui. Mi vede, non mi vede. Parla con me oppure parla da solo. Sono immerso nella sua sfera. La materia grigia della corteccia cerebrale, anse, rughe, ventricoli (piccoli ventri), tasche, cisti, cavità grandi e piccole. Là, nel terzo ventricolo della sostanza grigia, ha sede la memoria, amava dire mio padre. Sapere ormai invecchiato! (Nelle scienze nulla gode di collocazione sicura, nulla è inamovibile.) Sapere buono, sano, sapere benefico, che non serve più. Questo sapere ormai inutilizzabile riposa, emana quiete. Nella mia mente però il padre, immerso in un'attenta lettura, il mento inclinato verso il petto e il suo indice, leggermente incurvato, poggiato in alto sulla pagina, giocherella con il margine del libro. Molto prima di voltare pagina, mette la punta del dito tra quelle a venire. Come appare dritto il suo volto nonostante lo sfregio! E l'unico suo occhio: con quanta concentrazione e con quale cura segue le righe stampate sul libro! Il padre siede illuminato dalla luce bluastra. Prima del riposo dopo pranzo, infatti, veniva tirata la tenda di plastica per proteggersi dal sole. La luce bluastra, crepuscolare, si irradia e attraversa il tempo! Tutti i moti della memoria equivalgono al perielio e all'afelio dell'orbita che i pianeti compiono intorno al sole: vicinanza all'origine, lontananza dall'origine. Mai si esce però dall'orbita.

Oltre alle rigide buone maniere a tavola, che io ero tenuto a rispettare, c'erano le istruzioni riguardo a come avere cura dei libri. Quando si leggeva, ad esempio, non bisognava mai girare la pagina toccando il bordo inferiore, figuriamoci poi con la punta del dito inumidita. Posso ancora vedere il padre che esce dalla sua stanza, accende la luce nel corridoio buio e si allaccia i bottoni della giacca usando entrambe le mani quando va incontro a qualcuno in visita, che la mamma ha fatto accomodare in casa. Il corridoio poco illuminato era anche il percorso che faceva, due volte al giorno, la nonna, con le sue gambe pesanti, appoggiata a due bastoni. Il corridoio divenne per lei, e grazie a lei anche per me, la misura di ogni limitazione del movimento, di ogni rinuncia a uno sfogo fisico e al mondo esterno. In quel corridoio la luce raggiungeva solo il chiarore della penombra e poi di nuovo calava, come un giorno troppo debole, vecchio. Altri per patria hanno regioni intere e territori vicini, posseggono paesi, città, strade, mari. Io ho solo questo corridoio, passaggio stretto, opprimente, privo di finestre, con a destra e a sinistra sette porte chiuse. Se non tornassi, di tanto in tanto, in quello che fu da bambino il mio nido, e non camminassi un paio di volte avanti e indietro saltellando, attento a evitare la nonna, che, fragile, si trascina sui suoi bastoni e mi ammonisce di non farla cadere, io allora in me non avrei assolutamente più nulla di invulnerabile.

Alla fine di quell'infilata di stanze, quando tutte e sette le porte rimanevano aperte, si poteva vedere il piccolo scaffale pieno di libri a buon mercato e sopra la copia in bronzo di una statuetta di Dante aggrappato alle rocce, con lo sguardo fisso nella voragine.

Domani si svuota la casa dei genitori. Domani si sgombera la mia infanzia.

II

In autobus risalivo la strada tra Wintersberg e Malberg diretto alla casa del guardaboschi, trasformata in una locanda, dove, per la pigrizia di alcuni insegnanti, spesso terminava l'annuale passeggiata scolastica. Guardavo i declivi con i prati e gli alberi da frutta e non riuscivo a trattenermi dal dire a bassa voce: «Come è bello! Il mio amato paese!».

Le persone vicino a me invece si giravano stranamente da parte. La valle e le colline e le pere sugli alberi non emozionavano nessuno. Tuttavia erano lì, a portata di mano e certo non meno stupendi di come visti nel ricordo. Perde la sua grandezza, mi dicevo, ciò che non sono gli occhi dell'origine a vedere. Risalivo la strada e avevo tutto questo davanti a me e provavo nostalgia così come nella memoria del sonno.

Alla mattina presto, prima di andare a scuola, vedevo spesso il vogatore nella sua imbarcazione. Sfrecciava tra i ponti, procedendo con colpi veloci. Dalla strada, in sella alla sua bicicletta, l'allenatore dava ordini al megafono.

Che cosa è passato? È subito passato. Ora però è lontano, tanto tempo fa. Che cosa svanisce di più – quest'immagine oppure chi la porta dentro di sé? L'immagine mi rapisce, mi conforta. Continuo a pensarla e trovo che l'azzurra lontananza raggiunga il massimo della sua bellezza quando giace di molto alle nostre spalle.

Non è una delle immagini che ci offre il cinema, non ha a che fare con le opere d'arte che si appendono alle pareti. Si tratta piuttosto di una sorta di aggregato, una di quelle immagini produttive, che equivalgono alle cellule staminali di un dato vedere, sentire, comprendere. Immagini che nella nostra vita posseggono una loro crescita autonoma, poiché nell'essere percepite non si esauriscono mai del tutto.

E sono ancora e sempre gli stessi prati, su cui da bambini ci dava la caccia il guardiano, il suo compito era proteggere la frutta dai ladri. Chi potrebbe essere oggi il custode di alberi carichi di frutti non raccolti, di tutta la frutta matura in eccesso? A rubare qui non verrebbero né vedove di guerra, né miseri coloni, né vagabondi. I frutti marciscono, in gran quantità, e rimangono lì, in un grigio abbandono, tanto che non attirano nemmeno più gli stormi. Divengono gonfi e pesano sul ramo come parole d'amore non dette. Offrono lo spettacolo triste di regali della terra non graditi.

Risalgo il Klopp fino alla Bismarckturm. Sono tornato sulla collina del primo amore. Qui, dove a una svolta del cammino, tra il pero e il sambuco, è ancora sospeso il pensiero che ho formulato allora, diciannovenne, nel medesimo luogo, e la vista era la stessa, forse il pensiero di un'automobile, che non ci si poteva ancora permettere, o una frase di Sartre, su cui si discuteva con l'amica. Non è facile capire che proprio questo è patria, il luogo in cui furono gettati i semi dell'inizio, quando si guardava i campi con indifferenza e si era ancora lontani dal saper percepire la bellezza del paesaggio. Tuttavia è in questa bellezza, con le sue macchie di arbusti e i boschi, che si è nascosta e ha trovato riparo l'ora di chi si era appena innamorato e di questa bellezza, a quel tempo, non si curava. Il ritorno che libera le ore rende pressoché indifferente se a quel tempo si andava con una e oggi con un'altra: a spingerci a parlare erano in un caso e nell'altro voglie che non c'entravano nulla con le parole, con il nostro parlare, ed erano solo queste voglie a renderci arroganti, saccenti, noi, immersi in un paesaggio che sorrideva paziente sotto le foglie degli ontani, che con il loro fruscio, ancora più agitato del nostro, delicate facevano la nostra parodia. Il trifoglio violetto, l'aconito, la calta, le tenere infiorescenze dell'erba, che spiccavano alte, e il tocco distratto di una mano, nel parlare, sbriciolava...

E non era tutto, al fondo, un parlare? Che cosa mai era già successo di importante?... Infanzia, fiore che sboccia tardi... Per decenni a essa si è pensato sempre in modo aneddotico, dall'infanzia non ci arrivavano segnali di richiamo.

Negli anni sessanta e settanta della Bundesrepublik si usava in tono ammonitorio l'espressione «elaborazione del passato». Essere *sopra*ffatti dal passato sarebbe equivalso a una catastrofe. Cosa diversa è invece il rapporto che il singolo, per la durata della sua esistenza, intrattiene con il proprio passato. In questo caso *ricordo* all'improvviso appare una parola fin troppo frivola. Il soggetto si inoltra nell'aura del suo tempo passato. Ciò che era lo soverchia come in un assalto. Non è certo una valle serena in cui affondare meditabondi lo sguardo. Ciò che era sovrasta sempre il punto di vista del presente. Un regno irriducibile che non possiamo sottomettere, che nessun illuminato chiarimento potrebbe mai conquistare.

Mio padre era alchimista. Il suo orizzonte era la trasformazione delle sostanze. Lui lo sapeva: ciò che esiste, è passibile di combinazione, è bisognoso di legarsi per divenire qualcosa di migliore. Una volta abbracciato tale programma, una volta che ti è entrato nel sangue, non è possibile liberarsene così velocemente. Esso impedisce di raggiungere una stabilità destinata a durare nel tempo.

Da ogni epoca, non importa quanto essa sia scialba e inconsistente, si può trarre un'essenza, un condensato d'atmosfera che da quell'epoca dipende, per quanto al tempo stesso la superi. Una conoscenza che si lascia dietro le spalle la materia che l'ha ispirata. Oggi si è molto più intelligenti che negli anni cinquanta. La coscienza comune è ben allenata ad analizzare e formulare spiegazioni. Bisognerebbe in questo caso trarre quindi una nuova essenza dal sapere e dalla consapevolezza, per condurre la nuda intelligenza, che non guarisce nessuno, alla necessaria *sapienza* o al perfezionamento. Affinché il cuore infine si levi ancora una volta più in alto della lingua!

Ti ricordi se era un giorno di scuola oppure una domenica, quello in cui hai compiuto undici anni? L'inverno del cinquantacinque fu assai rigido. Le prime settimane, nella nuova patria, sulla Lahn. Il fiume era immobile. Il padre ti accompagnò a scuola camminando sul ghiaccio, andò insieme a te dal direttore. Il nuovo allievo! Quel senso di oppressione che poi nella tua vita non si è più sciolto! Una squadra di bambini che tu non conoscevi e che non ti volevano lasciare entrare nelle loro file. È solo grazie a piccole prove di coraggio e minimi atti eroici, poi grazie al patto stretto con un *altro*, che riuscisti a trovare il tuo posto fra loro. Per prima cosa hai dovuto cantare davanti a tutta la classe. Hai stonato e sei stato deriso. Uno di loro ti si piantò davanti e disse che si chiamava come te, Strauss, anche lui. Ti parve la più grande presa in giro possibile, non era mai successo fino ad allora, il tuo nome sembrava appartenere solo a te, come l'anima e il volto. Eccoti consegnato adesso alla possibilità dello scambio, l'estraneo portava il tuo nome. Un attacco alla più intima genealogia.

A casa, sul tavolo dei regali, c'era il fortino degli Stati del Sud di legno laccato, marrone, circondato da piccoli pellerossa di plastica. Il gioco dei quiz in cui una specie di robot girava su un disco a specchio, magnetizzato, e indicava la risposta con la sua bacchetta magica. Le carte da gioco per il Quartett, illustrate con le più recenti marche di auto – e le fotografie delle limousine erano ancora in bianco e nero. Un fucile ad aria compressa che sparava piccoli tappi di sughero, la torta marmorizzata fatta dalla nonna, il numero undici lo scrivono le candele, davanti c'era il calendario dell'avvento con due finestrelle già aperte. Sì, la consegna dei regali deve essere avvenuta dopo la scuola, perché di là, dall'altra parte del fiume, ai piedi del Malberg, scorrevano le finestre illuminate dei treni e in dicembre, al pomeriggio, faceva scuro presto.

Piombo, terracotta, bachelite: questi i materiali di cui erano fatti allora i giocattoli, le figure, le auto, i modelli di edifici, un'epoca di transizione per i materiali d'uso. Lo stesso valeva per il teatro delle marionette: facce in legno, cartapesta e plastica recitavano le une accanto alle altre.

Il mio giardino, là sotto, diceva mia madre a volte. Ma si trattava solo delle aiuole di fiori nel parco in cui da tempo lei non poteva più andare a passeggio. Dalla sua finestra mia madre però guardava le bordure e durante tutto l'anno piantava fiori, con occhi non più giovani sistemava le violaciocche giganti, i tulipani per Pasqua, e le rose, impresse ormai da lungo tempo nella memoria. «Per così tanti anni sono rimasta seduta qui, sempre a guardare, laggiù in fondo, la strada e il parco.»

Per essere precisi: dalla metà del secolo passato fino, tra poco, al suo compimento. Da più di quarantadue anni c'era Ems, Römerstrasse diciotto. E ora devo telefonare allo Staatsbad, il nostro padrone di casa, per chiudere il contratto d'affitto dell'appartamento. Mia madre si trasferisce in una casa di riposo per anziani.

L'ultima sera a casa ricordammo il giorno del trasloco nell'inverno del cinquantacinque, la gioia che provammo per la bella vista che si godeva dall'appartamento, soprattutto quando ci trovammo davanti alla finestra della camera della nonna: «Il treno, guarda il treno!».

Sull'altra riva della Lahn il treno regionale per Giessen con le sue finestre illuminate attraversava la buia notte invernale.

La Sinfonia in Si minore di Borodin, ascoltata per la prima volta con la Rheinische Philharmonie diretta da Herbert Charlier nella sala da concerto di Coblenza, intorno al 1961, quando andai al concerto con Lucie, l'amica con interessi artistici, o forse da solo, per accompagnare von Walchen, socio in un ufficio legale di Coblenza, e il direttore d'orchestra, anche lui secondo uomo, l'occipite rotondo, energico, una corona di capelli, maestro di cappella nei concerti in abbonamento, si sentiva la differenza rispetto al professor Klaro Mizerit, uomo dalla figura slanciata, sottile, che invece era a capo dell'orchestra, di per sé un mediocre corpo musicale, ospite una volta all'anno anche a Ems, nessuna possibilità di confronto con le macchine di precisione che si potevano ascoltare alla radio o sui dischi, non è quindi il caso di infierire sul secondo uomo, signore già di una certa età, che non divenne mai primo direttore, e ai suoi concerti, inoltre, rimanevano sempre dei posti vuoti, nonostante il programma fosse attraente, ma la *Seconda* di Borodin non si aveva occasione di sentirla spesso, anche la *Prima* di Mahler l'ho conosciuta con la sua direzione, prima ancora che iniziasse il rinascimento mahleriano, a tarda sera, con il treno, la corsa notturna che raccoglie gli ultimi, il ritorno a casa, a Ems, lo studente di scuola superiore, ormai cresciuto, con cravatta e giudizio tagliente. Ah, potessi riavere indietro anche solo un frammento di quell'inesperienza, di quell'allegra saccenteria! Non viene meno, quell'ingenuità; continua comunque a esistere, a livelli di volta in volta superiori – mentre si conduce la propria memoria all'abbeveratoio dell'innocenza. Perché ciò che è stato, ha sempre un innocente per soggetto.

Ah, come mi chiamavano da sotto, dalla strada, gli amici! Il mio nome arrivava in alto, fino alla finestra, quando venivano a prendermi per andare insieme a scuola o per fare un giro la sera, andavamo a passeggio, i ragazzi camminavano in una direzione, le ragazze in quella opposta, avanti e indietro lungo la Römerstrasse, la meta erano i cinematografi di Ems e poi si tornava indietro fino al ponte della stazione.

«Vieni con noi?», un richiamo che attraversa tutta la vita. Oh, potrei sprofondare nei ricordi, fino a essere di nuovo lì!

Il mondo tecnologico in cui siamo immersi, involucro apparentemente integro, pieno di *nuovissimo ciarpame*, apre per primo l'occhio al ricordo. È la stessa superficie digitalizzata che ci conduce alla dimensione spaziale delle fughe sensoriali; ed è sempre questa superficie che, paradossalmente, scava i pozzi in cui si raccoglie la chiara acqua degli inizi.

Vedevo il sopracciglio del maestro Soyeaux, il destro, che si alzava, quando lui diventava di umore ironico o cominciava a canzonare uno scolaro. E a volte strillava «Holla!» con voce spiritata se in classe facevamo troppo chiasso. Di lui si aveva rispetto, perché era severo e intelligente. Si asciugava i baffetti, dato che gli piaceva soffiarsi il naso, quando leggeva a voce alta l'amato Stifter, e poi li accarezzava con il grande fazzoletto, compiaciuto come un gatto che fa le fusa. Mattina e mezzogiorno attraversava in bicicletta la nostra piccola città, d'estate volentieri in maniche corte, non si vergognava di far vedere il suo braccio irrigidito che portava i segni delle ferite d'arma da fuoco, anche la domenica nei giardini delle terme, quando camminava a passi veloci sui sentieri di ghiaia, a braccetto della sua bella moglie dagli occhi azzurri. Salutava sempre in modo gioviale, nonostante i forti attacchi di emicrania di cui soffriva, e senza badare al fatto che, in una piccola città, effettivamente si è costretti di continuo a salutare. Sua figlia. Ilka, un altro primo amore, anche se mai divenuto reale, ragazza dalla chioma folta, capelli biondi, fianchi larghi, la figura che già presto tendeva a sformarsi, mai stato più innamorato di quanto lo fui allora, in quelle aule di scuola, fin dalle elementari, sempre insieme a lei, giorno dopo giorno, senza la minima possibilità di poterla baciare almeno una volta, anche se Ilka, per un certo periodo, lasciò che io le facessi la corte e una volta disse che ero un ragazzo carino. Un giorno poi Ilka si mise ad andare, abbracciata stretta, con un musicista che faceva parte dell'orchestra delle terme, un oboista, credo, sì, lei andava con lui, come dicevamo allora per indicare un rapporto fisso. Dato che io andavo già con Roswitha, guardavo la faccenda ormai solo con tiepida gelosia. Quelle che sempre ritornano, sotto mutevole sembiante, si distinguono, man mano che si invecchia, in maniera più chiara secondo la figura, il tipo, il modello, piuttosto che secondo la loro individualità. In sostanza abbiamo vissuto secondo dei modelli e secondo dei modelli ci siamo consumati. Anche l'amore insegue solo ciò che rientra nello schema della preda che gli corrisponde.

Pensavo alla piccola mano del maestro Brender. Latino. Affondava nella tasca della giacca solo il palmo della mano, il pollice rimaneva fuori. E quando poi scandiva i versi, oppure strutturava e ristrutturava il testo secondo una spiegazione, la sua piccola mano accarezzava la rilegatura al centro del libro scolastico. Un diabetico, probabilmente. Prendeva le sue pillole durante l'ora di lezione, le gettava nella bocca gialla, i bonari occhi arrossati nel cranio calvo. E quando c'era motivo di ridere, cosa che accadeva raramente, oppure quando era lui l'unico a trovare qualcosa divertente, allora, un poco vergognandosi, teneva la piccola mano davanti alla bocca gialla. Stava molto attento quando attraversava la strada. Abitava infatti una villa in stile guglielmino proprio di fronte agli edifici del ginnasio. Salutava levandosi profondamente il cappello, quando lo si incontrava durante la passeggiata serale.

Sì, vedo ancora quel levarsi il cappello, il levarsi il cappello dei maestri in una piccola città durante la passeggiata serale oppure un sabato d'estate, quando c'era la grande regata dei canottieri e gli insegnanti continuavano a incontrare i loro studenti. Tutti avevano ancora le loro buone maniere, un comportamento rispettabile, mai la mano nella tasca dei pantaloni e, naturalmente, un inchino profondo, quando salutavano i genitori e alla mamma si rivolgevano dicendo «Gentile signora». Queste erano le forme, come diceva mio padre, e con ciò intendeva forme di comportamento, null'altro. Per lui era fondamentale come ci si comporta, le opinioni non erano la cosa principale, di certo poi non i «sentimenti». Questo resto di convenzioni borghesi, più che un programma di valori etici, in fondo era forse un rituale della comunicazione del tutto artificiale.

C'è qualcosa di meglio che restare nel luogo in cui sei nato, cresciuto, andato a scuola, in cui ti sei innamorato per la prima volta? Nel luogo in cui hanno vissuto i tuoi genitori e i tuoi nonni? Per quale ragione abbandonare il posto da dove si viene? E se ciò deve proprio accadere, perché c'è una cosa o un'altra da conoscere o realizzare in un altro luogo, per quale ragione non tornare poi, alla fine, a casa? Se si rimanesse nel proprio luogo, la percezione dello svanire delle cose sarebbe dimezzata. Se non si potesse fare nient'altro che rimanere sempre nel proprio luogo.

Come i morti; i morti non lasciano la loro patria. Li incontri sul sentiero del bosco, al margine della valle, in basso, dove scorre il fiume, dove mio padre e mia madre sedevano, quando erano preoccupati per qualche cosa, e sul prato che cresceva sopra il vecchio campo sportivo. I piccoli negozi dove noi andavamo a fare la spesa sono da tempo scomparsi. I nomi dei vecchi medici, che venivano a visitare a casa, non li si trova più scritti sulle insegne smaltate. Oggi ci sono targhe in ottone, su cui vengono segnalati poliambulatori e una serie di nuovi metodi di cura. Ma questo non è altro che mera superficie, come l'asfalto nuovo sui marciapiedi. Non dobbiamo lasciarci abbagliare da prospettive secondarie, il luogo in sé è rimasto inviolato e inviolabile. Basta gettare uno sguardo al fiume, che attraversa la piccola città piegandosi in una dolce curva. Un tempo trasportava chiatte con sopra montagne di carbone. Oggi passano solo barche turistiche e yacht. Il fiume però è rimasto lo stesso. Che fosse più pulito, quando noi da bambini andavamo a farci il bagno, quasi non lo si nota. Porta avanti e indietro ciò di cui lo si carica. Il fiume è, e rimane, il tuo tempo, la tua casa, il tuo luogo, i tuoi confini. Un fiume non scorre via. Solo quello che il fiume trasporta va e viene.

Anche quel pomeriggio in cui andai alla biblioteca cittadina e mi portai a casa dieci volumi di avventure per bambini pubblicati dalla casa editrice Franz Schneider, le copertine luccicanti, lavabili, rimane e continua a esistere fino a che dura il desiderio che accompagna l'aprire per la prima volta un nuovo libro.
 Che cosa può quindi fare l'uomo che si va spegnendo, l'uomo che, un'ora dopo l'altra, si trova sempre e di nuovo di fronte a un enigma? Sempre e solo starsene al proprio posto e provare meraviglia? Questo non può essere tutto. Si deve lavorare con metodo alla propria scomparsa, così come ci si deve impegnare nel divenire.
 L'uomo lavora, ad esempio, con un certo zelo alla produzione di un mondo del passato, sintetizzato artificialmente. Per distillare una *preziosa* sentimentalità, che egli considera una droga a buon mercato, mescola tra loro anche materie di un allora che appartiene a epoche estranee, non connesse alla storia della propria esistenza personale. Diventare vecchi in un mondo nemico delle tradizioni significa essenzialmente basarsi sulle proprie forze. Egli si procurerà quindi da ogni dove sostegni e materiali, amplierà se stesso andando all'indietro. Con l'aiuto della letteratura anche materia estranea entra nelle vene e provoca le sottili estasi del tempo che fu – un'eccitazione contraria alla brama e alla voluttà, che venerano solo la mera presenza, l'ora che non è trascorsa.

Senza che io percepissi come si trasformavano: ogni giorno vicino a me, tre case più avanti, le sorelle Nurwege, Rita e Rena, le gemelle, figlie di un ufficiale. Rita aveva un viso liscio, quasi bello. L'altra, uno dai lineamenti più tirati, l'apparecchio dentale, le spalle leggermente curve. Spesso camminavano davanti a me, tutte e due, con la cartella sulla schiena, lungo la strada che ci portava a scuola già alle elementari, le Freiherr vom Stein, attraverso il parco delle terme. Tutte e due una volta tentarono di insegnami a suonare l'organo nella Kaiser-Wilhelm-Kirche. Io volevo fare lezione solo con Rita, ma loro due stavano sempre insieme.

A Ems abitavano tanti soldati come in una città di guarnigione di Čechov. A metà strada verso il Klopp c'era un centro di addestramento ufficiali dell'esercito della Bundesrepublik, di conseguenza tra i miei compagni di classe la quota di figli di militari era fuori dalla norma. Erano i più svegli, anche se non sempre i più simpatici.

Le gemelle io le ho viste ogni giorno, tuttavia l'unica cosa che ho registrato di loro è il paradigma dell'inviolabile duo, null'altro.

Nonostante i lunghi anni di comune frequentazione della scuola e il forte spirito di gruppo della classe, con alcuni dei miei compagni un vero incontro non è mai avvenuto.

Anche nel mondo più piccolo, più limitato, si finisce per dividere gli altri a seconda di quanto li sentiamo vicini o lontani e il fatto che si formi, tutti insieme, una comunità gioca solo in casi eccezionali un ruolo. Quelli che ci erano indifferenti un giorno però riemergono misteriosamente dalla loro condizione di esseri non considerati. Forse perché l'indifferenza li ha conservati meglio rispetto al sentimento di simpatia o antipatia, sentimento emotivamente carico, che si è esaurito in fretta.

Nove anni insieme in una classe, negli stessi corridoi, nella stessa aula di ginnastica, sulla stessa strada che porta a casa – io non ho mai chiesto nulla a lei, tuttavia il suo corpo, senza che lo chiedessi, l'ho avuto sempre vicino al mio. Devo forse a quella marcia ora a scatti, ora barcollante, durante la quale un'orribile Rena lasciò cadere il testimone della staffetta al momento di passarlo, il fatto che all'improvviso le due ragazze mi ritornano in mente, sì, per quella disavventura, che separava una gemella dall'altra, piuttosto che per una qualche conversazione che abbiamo avuto.

Ah, quelli a cui non domandai mai nulla ora, nelle mie notti, mostrano un sorriso vittorioso: così noi, quelli a cui tu, un tempo, non hai fatto attenzione, oggi siamo per te un segreto, qualcosa che non ti lascia più; nel firmamento della memoria, una piccolissima stella luminosa che non ti è così facile evitare di vedere.

Penso con gratitudine a un insegnante di nome Telkrath, ho potuto godere della sua educazione estetica e fu lui a nobilitare la mia persona, trasformandomi da lettore di *Bravo* ad appassionato del *Tristano*. All'epoca la parola decadente conservava ancora un certo fascino *fin de siècle* e così furono i suoi suggerimenti, che seminavano un vago sconcerto, a destare in me l'interesse per l'artificio e il travestimento, per Oskar Werner e mai per una sobrietà realistica. Se consideriamo le mie preferenze, ero leggermente in ritardo. Alle pareti della mia stanza c'erano ancora incollate le foto dei cantanti di musica leggera, e quindi tutto ciò che mi veniva da Telkrath io lo accettai come fosse una droga, non importa se lui recitasse Verlaine, oppure si entusiasmasse per Tennessee Williams. Quello che lui mi spingeva a prendere in considerazione, al di fuori del programma di insegnamento scolastico, fece nascere dentro di me la salda convinzione che i desideri solo attraverso il teatro, e a sua volta il teatro solo attraverso i desideri, potessero assumere una forma più elevata.

Il mio maestro era infatti anche un pedagogo dell'eros, nel senso antico del termine ed era innamorato di me. Frequentava tranquillamente, in quanto persona colta, la casa dei miei genitori e mia madre cucinava volentieri per lui, uno scapolo di cui avere compassione. Questa mia educazione avvenne naturalmente al di fuori della scuola, del resto io non fui mai suo allievo diretto.

Diventai quindi un damerino e presi a indossare assurdi completi principe di Galles, perfino a scuola. Ho ancora nelle orecchie il ridacchiare della mia voce nella fase del suo mutamento. Suoni gracchianti che fungevano da richiamo per Telkrath, ampollosa imitazione della melodia nasale della sua parlata. «Parli come Telkes» diceva con disprezzo l'amica di scuola, l'amante in Sartre, che era costretta a dividermi con lui. Sì, io lo imitavo – come poteva essere altrimenti tra maestro e allievo? E così rimase: un'immaturità che più volte cambiava pelle – maestro e mimesi mai superati.

Guardi ai tuoi inizi come se guardassi nella sfera di cristallo del mago, consideri un piccolo mondo separato, chiuso in se stesso. Non tutto ciò che si dice vita è un insieme organico, non tutto è effetto e articolazione, progresso e crescita. Si formano anche prismi che raccolgono e scompongono i raggi di luce e che sono più persistenti delle tracce del passato.

Vorresti davvero entrare nella sfera di cristallo? Vorresti ancora una volta vivere in quel piccolo mondo di allora?

Sì, esclamerei, subito! Ma solo se non fossi mai più costretto a lasciarlo di nuovo e se mi venisse cancellata tutta l'esperienza acquisita e ogni sviluppo. Quindi solo se tacesse il gorgoglio della vita che continua a porre domande, che rimugina, che ricordando si infetta – mentre invece tutta la natura dell'uomo desidera ardentemente essere *come prima*: libera dai ricordi! Vedi Pavese, *Dialoghi con Leucò*: «E i mortali non chiedono che questo come prima».

Ma non è così. Se tu davvero fossi riportato indietro nella realtà dei tuoi inizi, senza avere alcun ricordo, non sarebbe tanto piacevole. Mai fosti più profondamente disperato che nelle ore della *tua più in-*

nocente disperazione. Non hai mai più patito così duramente la sfortuna, come nell'inquietudine e nelle difficoltà della crescita.

Neve e ghiaccio. Il «sentiero dei penitenti» davanti alla Kaiser-Wilhelm-Gedächtnis-Kirche coperto di neve. Tra gli alberi scheletrici il sole era grande e aveva il chiarore del gelo. Nel lago dietro il canneto si rivelava un piccolo cielo, scuro e segreto. Una foglia color del bronzo, solitaria sul ramo della quercia, salutava cadendo a terra. Il mondo dell'inverno nuovo e bello... Andare con la slitta sui prati alla torre Concordia. Qualcuno raccontava che Lucie, Lucie, l'amante in Sartre, Lucie, a cui io ho baciato via dalle labbra la neve e il suo respiro rimaneva sospeso come nebbia nell'aria, quando le mie mani la cercavano sotto il pesante cappotto di panno verde con i grandi bottoni da pagliaccio in madreperla... Qualcuno raccontava che nel frattempo Lucie era stata più volte ricoverata in clinica per disintossicarsi. Quante vite nell'arte ho visto distruggersi con le droghe! Quanti piccoli e medi talenti, che l'eccesso aiutava solamente a ingannarsi su di sé, mai a superare se stessi. Una vita nell'arte dovrebbe invece sciogliersi in una curiosità anonima, per poi, a un certo punto, sparire a occhi spalancati.

Durante il tragitto in automobile diretti alla casa di riposo per anziani, mia madre mi racconta dei negozi di quando ero bambino. Il negozio del caffè Kaiser, in cui una volta venni arrestato per furto insieme a un amico. Oppure il *negozio di generi coloniali* dei Becker in basso vicino a casa nostra, nella Römerstrasse. Presi le sue mani tra le mie, come se potessi trattenerla, potessi conservarmi la testimone, che era stata là insieme a me, e mi chiamava dalla finestra per andare a mangiare, e io giocavo con Alex il più piccolo dei Becker, quello che portava dei pantaloni corti di pelle, unti, e parlava un forte dialetto di Augusta, e sua sorella con le guance rosse, i seni appuntiti e l'odore di aglio, dietro il bancone del negozio.

Era come se di nuovo respirassi l'aria calda all'ombra di quella tenda da sole stesa davanti al negozio di alimentari dei Becker nei giorni d'estate. Spesso la sera venivo mandato lì a prendere un paio di bottiglie di birra per i miei genitori. Esportazione, niente Pils!, raccomandava mio padre. Qui, all'ombra della tenda da sole, davanti al mio amato pizzicagnolo, assolutamente mio adesso, poiché è fatto solo di allora, ecco, è questa, in fondo, la zona segreta, in cui noi potremmo incontrarci di nuovo... «Il padre vive, vive in me / Finché io respiro, anche la sua memoria vive» (Grillparzer, *Libussa*).

Per la prima volta dopo trent'anni entravo di nuovo nel cinema Kursaal. Seduto nel piccolo teatro di Offenbach, in balconata, pensavo che proprio qui era avvenuta la mia prima e unica apparizione in pubblico – il discorso finale alla festa della maturità. Pensavo anche che sarebbe il luogo adeguato, periferico e accogliente, per la mia *ultima prima*, questo piccolo gradevole palcoscenico con il portale a tre archi, qui, dove io da ragazzo avevo visto *Zar und Zimmermann* e *Boeing-Boeing* di Camoletti, spettacoli ospiti. Il sipario rosso adesso si chiudeva (dopo un film, proiezione pomeridiana), così come allora accadeva alla fine degli spettacoli di varietà con Vico Torriani e Bruce Low, alle quali, sempre da ragazzo, io riuscivo ad assistere se la figlia dell'amministratore del Kursaal mi faceva entrare di nascosto, in balconata, dopo che la rappresentazione aveva già avuto inizio.

Le tende blu fatte del materiale che si usa per la tenda della doccia. Odore di gomma, schermo per filtrare la luce del sole durante il riposo di mio padre dall'una alle tre, oppure quando alla domenica pomeriggio, fuori la luce del sole era cocente, la mamma seguiva alla televisione le gare di equitazione, salto ostacoli, trasmesso da Aquisgrana. Mia madre in vita sua non era mai salita in sella a un cavallo, tuttavia nutriva una vera passione per gli eleganti esercizi di dressage. Ogni mese riceveva gratis la *Reiter Revue*, che era pubblicata dalla casa editrice in cui mio zio, uomo amabile e privo di ambizioni, aveva trovato lavoro.

Chi racconta i propri ricordi, non vive la condizione del ricordo.
Un ricordo pressante non si esprime nel «Sai ancora com'era?», ma solo nell'immediatezza dell'allora, nell'essere sopraffatti da ciò che è stato.
Wilhelm, lo zio, aveva l'hobby della matematica. In questa disciplina, comunque, fu solo uno il compito che portò a termine: era convinto di avere risolto in modo geometricamente esatto e inconfutabile il problema della quadratura del cerchio, solo la formula algebrica non gli era ancora perfettamente riuscita. Lui, primo e unico cervello in tutto il globo terrestre, aveva risolto un problema universale. E ci era riuscito solo perché non aveva capito davvero quale fosse il problema. A spronarlo nell'impresa era stata senza dubbio una sete di riconoscimento, vagamente paranoide: a ogni modo lo zio dovette tenere segreto quel risultato sensazionale. Confidò solo a me il suo trionfo, rifiutandosi di sottoporre il suo lavoro a un esperto che lo esaminasse, perché la cosa che temeva di più al mondo era il furto intellettuale. Come è facile immaginare, la soluzione da lui trovata era la più semplice. Complicata invece era la costruzione interiore di un autoinganno, che doveva servire a nobilitare la propria persona e a garantirsi lo stigma del prescelto, cose che lo zio era stato costretto a negarsi nella vita. Si accontentava quindi di esultare in segreto covando una gioia maligna al pensiero che dopo la sua morte, non appena la sua scoperta fosse stata pubblicata, grazie a una fama di portata planetaria avrebbe mortificato le tante persone che in lui avevano visto solo il semplice impiegato di una casa editrice. Dopo la sua morte però la moglie, mia zia Cläre, riordinò i cassetti e buttò nella spazzatura la soluzione occidentale del problema.
Nel mondo, per un dato lasso di tempo, la formula risolutiva era

quindi esistita, ora però dal mondo era di nuovo scomparsa, di certo per sempre.

Da allora le parole della sua solenne promessa tuttavia mi perseguitano: un giorno tu conoscerai la mia fama e sarai il mio erede.

Lo zio era un uomo dotato di grande bontà e di grande debolezza, che non ebbe figli, e che dopo la bocciatura al secondo esame di stato per l'avvocatura non era riuscito a combinare nulla di sensato nella vita. Un amabile, spiritoso buono a nulla. Nazista entusiasta. Un paziente spaccapietre, finita la baldoria. Arrivato a Ovest dopo la fuga dalla Turingia, per il resto della vita lavorativa si sistemò con un impiego come correttore di bozze presso la *Rheinische Post*.

Sprofondato in un sogno febbrile, potrebbe ancora tormentarmi, potrebbe strapparmi un grido, il fatto che io non sappia più i nomi di uno o di un altro di quei meravigliosi attori che fecero la loro comparsa tra il 1959 e il 1963 alla Televisione Tedesca, quando esisteva un solo programma. Quei valorosi idoli, che mi fecero superare i confini del prosaico quotidiano e mi indicarono la via verso il teatro. Attori! Chi altro, se no? Come si chiamava il cantante nero, l'imperatore Jones di O'Neill? Venne abbastanza spesso in tournée a Ems per gli spettacoli di varietà. *Tre spiccioli nella fontana* era il suo bis. Un cantante nero, bello, grandiosa apparizione... Kenneth?... Chi mi aiuta a ricordare? Ernst Fritz Fürbringer nel ruolo di Wallenstein. Regia di Kurt Wilhelm? Chissà. Elfriede Kuzmany, un'infinità di volte. Ma la pazza di Chaillot la recitava lei? Non è sicuro. Oppure era ancora Hermine Körner? Certo era lei Ecuba nella rielaborazione dei *Persiani* di Matthias Braun. All'inizio degli anni sessanta, ogni giovedì c'era il teatro in televisione. Non si trattava di riprese dal vivo, ma di pezzi del repertorio classico e moderno messi in scena appositamente per la televisione. Indimenticabile Hartmut Reck come Raskol'nikov. Suppongo fosse un adattamento di Leopold Ahlsen. Horst... E il cognome?... quello biondo, una marcata fossetta sul mento. Recitava Jimmy (?) in

Ricorda con rabbia. Horst Frank!!!... Walter Richter in *Omobono e gli incendiari*. Benno Sterzenbach in pratica quasi sempre presente. Ernst Deutsch una volta sola, in *Prima del tramonto*. Ripresa televisiva di una rappresentazione teatrale organizzata per la tournée. Mai Minetti. Non apparteneva alla lega dei grandi. Quadflieg, invece, sì, *Kammersänger* di Noelte assai particolare. Comunque, a recitare non erano star della televisione. Piuttosto un'intera squadra di altri attori di Gründgens, quello con il labbro superiore perennemente imperlato di sudore e una voce sempre velata, vagamente burrosa... Max... mmm. *Egmont*, ad esempio. Cognome sparito. Eckhard! Recitava quasi tutto ciò che era teatro classico nella televisione di allora. Aveva un che di maldestro. Nel *Faust* di Gründgens faceva il fratello di Margherita... Gründgens in persona, mai. Anche Schomberg mai. Si cercava di coltivare l'attore di seconda fila adatto per la televisione. *Il cavallo* di Julius Hay, trasmissione in diretta da Salisburgo in occasione dei Festspielen, anno 196-? Ma chi recitava? Heinz Reincke in *The Moon for the Misbegotten*, titolo stupendo, per settimane continuavo a ripetermelo nella testa. Naturalmente Karl Wittlinger e il suo *Kennen Sie die Milchstrasse?*. *Eiche und Angora* di Martin Walser con Horst Bollman. Mai Čechov, non era l'epoca di Čechov, Čechov venne riscoperto solo a metà degli anni sessanta, pensare a un Horváth in programma non era ancora possibile. *Galilei* di Brecht sì, invece, con Ernst Schröder. *La visita della vecchia signora* con la Flickenschildt e Hans Mahnke. *Il giudice e il suo boia* (uno dei favoriti di mio padre!) sempre con Hans Mahnke... oppure mi sbaglio? *Die Kurve* di Tankred Dorst, ho dimenticato con chi. Presumibilmente Kinski. Black-out. In seguito Hannsgeorg Laubenthal in *Helm* di Hans Günter Michelsen. Scrivevo una cronaca accurata di tutto quello che vedevo. *Di' Joe* di Samuel Beckett, studiato a fondo... Ah!, stupendo, il migliore di tutti: Karl Paryla, *L'uomo dal fiore in bocca*, l'atto unico di Pirandello (il pezzo preferito da mio padre). Paryla in quella commedia leggera italiana, messa in scena da Ettore Cella... oppure Cella l'ha anche scritta? O invece l'autore era un Ezio... Vattelapesca... in ogni caso dentro c'era più di un pizzico di De Filippo. Hannes Messemer in «...», oh, un'infinità di volte. Ernst Stankovski, all'epoca in cui si riscoprì Schnitzler, o Karl Schönböck, la contessa Mizzi. Storia d'amore per me era questo: un qualche cosa tra Cristoph Bantzer e Margot Trooger. Forse *Fermenti!* ancora una volta O'Neill, in assoluto l'aver mostrato tutta l'opera di questo maestro è uno degli inestimabili meriti dei drammaturghi della Televisione Tedesca.

Il bambino che si recava dalla signorina Wurzler per comprarsi ogni settimana i fumetti, divenne il damerino con il soprabito in popeline blu e le spalline coi bottoni, che alla domenica andava al cinema Kursaal in cui si davano i film musicali, i film patriottici e i film politici, mentre negli anni precedenti aveva preferito frequentare la Flohkiste nella Lahnstrasse, perché lì davano i western più recenti.

Scarpe basse a punta, con rinforzi di metallo applicati davanti. Sempre la stessa strada in discesa, da bambino fino a quando sono diventato adolescente, passando dai saltelli sfrenati alla camminata distaccata e snob. Le scarpe a punta, per fare rumore sul selciato della strada, come un ballerino di tip tap, un vero richiamo d'amore, all'epoca, quell'attaccare discorso con le ragazze in *petticoat* usando il ritmo dei passi, oppure l'armonia tonale prodotta dalle calzature, quando le punte di metallo andavano al cinema insieme ai tacchi a spillo. I giovani, oggi, camminano senza fare rumore, girano in *sneakers*. L'uomo occidentale ha perso prima il suo copricapo e poi la sua calzatura. La più recente e pervasiva rivoluzione nella moda è stata quella di trascurarla, la moda, e di coltivare tale trascuratezza con stile. Dopo di ciò, nessuna novità sembra essere riuscita ad affermarsi davvero al livello del gusto allargato.

Io sono tedesco: sono cresciuto con le favole dei Grimm ed Elvis Presley, Karl May e il generale Eisenhower, Wagner e James Dean. Dove dovrei andare a prendere il mio realismo?

Il ricordo è vago. I Nibelunghi però so che mi appartengono, anche *Il pellegrino cherubico*. La frusta nera di Zorro sta accanto alla *Critica del giudizio*. Nulla è omogeneo lì, da dove provengo. I mobili, l'arredamento vagamente soffocante e povero di gusto, imitazioni Luigi Quindici, passamanteria sui braccioli delle poltrone, guarnizioni di broccato su pesanti tovaglie blu. I capi di abbigliamento invece sempre ricercati e combinati con cura, completi di sartoria. Cambi frequenti. La morale casta e prussiana, lo spirito renano. La mia fiducia era riposta in *un* occhio. Dopo il colpo alla testa nel 1916, mio padre aveva un viso da Odino. E il suo unico occhio doveva ben essere un occhio preveggente. Per questo il suo animo era doppiamente rivolto all'indietro. Noi non possedevamo l'automobile, ma, per mia iniziativa, fummo una delle prime famiglie nella nostra piccola città ad avere un televisore.

Che anno era? 1956? '57? Ems, per Natale il regalo a lungo sospirato: un cambiadischi da dieci, purtroppo non Dual, ma Perpetuum Ebner, e in aggiunta alcuni dischi, Elvis, Johnny Ray, Harry Belafonte, dischi piccoli, quarantacinque giri. E poi l'Adagio dal *Concerto per violino* di Bruch, il pezzo preferito di mio padre, con quel passaggio molto, molto dolce, nel secondo movimento, che per me da allora in poi rimarrà indissolubilmente legato alla benedizione natalizia sotto forma di giradischi. E inoltre la particolare gioia del mattino dopo, il giorno di Natale, la gioia di poter salutare il nuovo oggetto come qualcosa che davvero mi apparteneva. Non era un sogno, il cambiadischi aveva superato la prima notte da noi, adesso sarebbe stato qui per sempre.

Un albero rigoglioso, ricco di fronde, accanto a Villa San Remo, è cresciuto così tanto che, seduto alla scrivania di mio padre, non riesco più a vedere l'orologio del campanile della chiesa. Oggi quasi tutte le signorili ville estive sull'altra riva della Lahn vengono intonacate e restaurate. Hanno un aspetto ben più curato di quello che avevano quando io ero bambino.

A Ems la sera per strada si sente ormai parlare più russo che tedesco, quasi come accadeva all'epoca d'oro della stazione termale, i turisti purtroppo sono meno distinti di quelli di allora, inoltre ciò che si prendono è più di quello che fanno guadagnare.

Il mio amato Kursaaltheater, tra parentesi, non è affatto Biedermeier, venne costruito tra il 1913 e il 1914 in stile neobarocco con elementi rococò.

Vedevo il triangolo rosso dell'orologio Dugena, lo stesso che guardavo dalla finestra della mia camera da bambino, lì in basso in direzione del Kursaal, così che ancora oggi in sogno corro alla finestra per vedere il *mio* orologio, che sporgeva sopra il negozio di gioielli, staccato dal muro. Sotto l'orologio passava il piccolo dottor Ulmer, che aveva i piedi piatti, il notaio infedele, amante della proprietaria del negozio. Dalla strada, guardava in su, verso l'orologio, e i nostri sguardi, quello di chi sogna e quello della figura in sogno, si sarebbero quasi incrociati, attraverso i decenni, perfino oltre la sua morte, se a separare il mio sguardo dall'alto e il suo dal basso non ci fosse stato proprio quel triangolo dell'orologio elettrico, con il suo quadrante e la lancetta che girava.

Il tempo della nostra esperienza della vita non scorre in una sola direzione, come il tempo della vita. Salta in avanti e all'indietro; all'interno dell'inevitabile progresso esistono spazi liberi e depositi in cui regna il disordine temporale, presente e passato perdono la loro segnaletica, e quello che ormai fa parte dell'accaduto ritorna, ancora una volta, come qualcosa che deve ancora venire.

Ora colleziono gli orologi dei morti, di mio padre e di mia madre, al ritmo di questi orologi loro hanno vissuto, in attesa o di fretta, fino a che un unico lontano rintocco di campana li ha sottratti alla loro dipendenza dal circuito regolare delle lancette. Si è sfilato l'orologio dal loro polso magro, lo si è messo insieme agli altri oggetti personali e il tutto è diventato ciarpame. Seguendo però la sottile lancetta dei secondi, che continua pur sempre a girare, tacca dopo tacca, mio padre e mia madre misurarono, l'uno all'altra e al figlio, il battito del polso, in caso di febbre o altre debolezze.

I buchi neri nella memoria in verità non sono lacune, piuttosto i punti di massima condensazione della sua massa. Tutta la materia esterna precipita all'interno, precipita a partire dalla temporalità oggettiva.
Arrivano tre uomini e disfano il mio appartamento di bambino, anche la stanza in soffitta, dove stava Dora, la cameriera, rossa e secca. Era in quella stanza che lei, durante la pausa del mezzogiorno, se la faceva con il postino, e più tardi anche io, lì, lo facevo con ---. Fummo tutti scoperti. Ogni coppia lì sopra venne disturbata. Per quarant'anni gli armadi bucherellati dai tarli hanno circondato il letto, armadi pieni delle stoffe estive di seta di mia madre, mai messe in ordine, stoffe che, non avendo preso aria, mantenevano ancora l'odore delle coppie colte dallo spavento.

Di notte, ancora una volta in cucina per baciare la *cameriera*, impresa impossibile renderla attraente, anche se nel frattempo si chiama Beate. Siedo al tavolo rotondo di formica. Sposto il piccolo vaso con dentro delle sparute violette. Come se il vaso mi impedisse di guardare la cameriera. Valutando la cosa, lo spingo di nuovo entro il mio campo visivo. Prendo dalla tasca della giacca un tubetto, il portasigari cilindrico di mio padre, ancora in plexiglas. Tolgo il tappo, annuso il fazzoletto con le macchie di lecitina, che, arrotolato con cura, sopravvive nel contenitore. Chi mai sa quando siede nell'ultima stanza e respira l'alito della propria morte?

A volte mi vedo visto. Mi sento chiamare… ma da una voce di bambino, da un amico della neve, a cui il ghiaccio è familiare, oppure dalla casa sugli alberi, che sta sul pendio, il bambino che io ero chiama quello che sta camminando.

Musica, che viene da non si sa dove, da una radio a basso volume, concerto notturno, *Capriccio italiano*, e all'improvviso io sono nella stanza di Ems, in piedi, sto provando a dirigere, leggo la partitura, e non si tratta solo di banale imitazione, non è semplicemente un dimenarsi o un danzare di fronte a un'orchestra immaginaria, il cui ordine degli strumenti di fondo è ben noto, ed ecco che do l'attacco ai bassi, chiedo il crescendo ai fiati, all'epoca le pareti della stanza erano ancora piene di fotografie delle star, fase di passaggio da Rudolf Prack ad Arturo Toscanini, le riviste si chiamavano *Star Revue*, *Film Revue*, accanto a Winnie Markus c'era Bruno Walter. Poi fu la volta di *Das Schönste*, una rivista di cultura europea, in cui si pubblicavano pagine intere con le riproduzioni di Caravaggio, Feininger, Klee. All'epoca dei primi amori c'era questo, perché i primi amori affinano il gusto...

Tuttavia: *Capriccio italiano*, soprattutto ciò che è triviale si rivela un buon conduttore, privo di ostacoli, per la corrente del ricordo. La musica in assoluto, senza bisogno di alcuna riflessione, evoca l'allora in tempo reale. Il qui e ora viene assalito da un passato *cronovoro*, ingordo come Crono/Saturno, il titano «obnubilato», che nel terrificante quadro a olio di Goya inghiotte il proprio bambino. Poiché noi, come siamo, siamo frutto del nostro ieri, questo dice il libro di Giobbe, e il nostro ricordo di fondo è un'escrezione dell'allora che distrugge ogni presente.

Quando si va alla ricerca di sé nel proprio passato, è raro che si finisca per guardare dall'alto in basso un bisognoso, diciamo perché, nel frattempo, si sarebbe diventati decisamente più intelligenti. Quel poco di eventuale saccenteria non basta infatti quasi per nulla a compensare la grazia del non sapere. Diverso invece è il caso degli storici. Con le loro idee metodicamente intelligenti, di volta in volta al passo con i tempi, con la loro abituale saccenteria, è inevitabile che essi guardino dall'alto in basso le epoche precedenti che stanno analizzando. Un sapere anacronistico è la maledizione connessa al loro mestiere. Chi vive finisce al contrario per essere catechizzato da ciò che ha vissuto. Chi vive se ne sta piccolo e imbarazzato di fronte al vissuto. Ecco, tu eri questo! Un signore del possibile, un principe dell'oscuro. E ora sei un piccolo schiavo del badile al lavoro nelle discariche della memoria.

«A me tocca la sconfitta.» Emily Dickinson.
La parabola di mio padre: poco dopo la nascita del figlio, un libro scritto da lui, una fabbrica sua per metà, un'accensione vitale dell'uomo maturo, appena dopo la Seconda guerra mondiale – e poi per sempre il peso del successo che non arriva. La fatica di mantenere la famiglia. Vani tutti i tentativi di collegarsi di nuovo all'epoca del successo. Il lungo orgoglioso cammino dell'amarezza.

Dopo la sua morte mi è toccata in eredità, e non era il desiderio della mamma, tutta la sua stanza, arredata come era negli anni sessanta a Bad Ems, quando ci entravo ogni giorno. A quei mobili è stato risparmiato ogni altro utilizzo.

Ora bisogna spogliare la libreria, rivendere i volumi. Tutti i manuali di farmacologia, ormai antiquati, il suo strumento di lavoro, se li prende un collezionista. Occupavano solo uno scaffale basso, alle sue spalle accanto alla finestra che dà sulla Lahn.

Lo sgombero dell'appartamento fa emergere da ogni angolo, da ogni oggetto, l'origine.

Qui c'è ancora il ragazzino vivace che a tutte le ore disturba il padre al lavoro con piagnucolii e richieste. Di lì a poco l'adolescente che critica il padre, l'adolescente che si oppone con energia alle opinioni paterne. Sempre in questo stesso appartamento, tenerezza del cuore e punizione. Punto di partenza delle uscite allegre e di quelle cupe. Come quando il padre dopo un litigio faceva credere che, una volta uscito nella notte, non sarebbe più tornato indietro, a casa, che avrebbe camminato per sempre lungo le rotaie del treno. La cruda solitudine dell'uomo sfortunato e altero, del nemico bellicoso delle masse, che tanto più lo infastidivano, quanto meno egli riusciva a raggiungere una sua grandezza isolata e così, spesso, il suo astio feroce attaccava il candore di mia madre.

Tre oggetti di cristallo della mia giovinezza... il recipiente per i biscotti o i dolci chiuso da un coperchio, un oggetto oblungo, con otto angoli smussati. Lì dentro stavano i bastoncini di pasta frolla al cumino, fatti in casa, spesso già leggermente rancidi. La pesante bottiglia per il porto e il piccolo portatovaglioli. Tre oggetti di cristallo dell'appartamento di Ems, finiti assai lontano, sulla collina a est dell'Elba. Questi oggetti di vetro, decorativi, assolutamente familiari, ora stanno su un tavolo moderno, in una casa di nuova costruzione. Qui risplendono immersi in una luce più fredda, nei loro prismi, però davanti ai miei occhi compaiono gli angoli dell'antico albergo in cui sono cresciuto. Si chiamava Hotel Stadt Wiesbaden, e in questo albergo si era fermato Jacques Offenbach, durante il periodo in cui fu maestro di cappella a Ems. Ora il cristallo risplende in una casa, che non possiede anfratti femminili, nessun corridoio buio con sette piccole stanze, piuttosto è una casa quasi trasparente, che lascia entrare la quiete dell'inverno, e offre una vista libera, o perlomeno così illimitata da non impedire neppure che lo sguardo si rivolga all'indietro, che si perda nei declivi pietrosi della Lahn.

Ritorno ai blocchi di partenza. I primi passi verso il teatro. Il luogo in cui per la prima volta mi mancò il fiato. Una passeggiata quando avevo sei o sette anni, partiamo da Remscheid (la nostra prima tappa nella Germania Ovest) diretti a Düsseldorf, per vedere *Coppélia*, il balletto di Léo Délibes, *La Fille aux yeux d'émail*. La bambola poi non se ne andò più, impossibile da cancellare, indistruttibile. Molte le varianti di Olimpia. 1962, edifici Flöck a Ems, nella città vecchia, la sala da ballo dove anni prima, da bambini, eravamo sfilati in maschera per il carnevale, ecco che ora sono lì sul palcoscenico e interpreto il capitano di Köpenick, sono l'allievo dell'ultima classe del liceo che recita nel ruolo del titolo. Quattro anni dopo, nel 1966, la sera del mio ventiduesimo compleanno, siedo da solo nella loggia di proscenio dei Münchner Kammerspiele, *La ballata del caffè triste* di Albee tratta da Carson McCullers con Maria Wimmer, Rolf Boysen, Heinz Schubert. È la prima. Nel palco di proscenio Erich Kästner e Ludwig Marcuse. Infine aprile 1971, colui che ha dimenticato Ems pulisce con scopa e aspirapolvere, insieme ad attori e tecnici, la scena del *Peer Gynt – subbotnik*, lavoro gratis autogestito – mentre il pubblico della prima sta per entrare in teatro. Queste le date appuntate – i punti che segnano l'inizio e che ora fanno male.

Svegliato troppo tardi per la prima ora! Per arrivare puntuale in classe non ho più tempo, dieci minuti di ritardo sono decisamente imbarazzanti, meglio perdere tutta la prima ora e comparire puntuale per la seconda, poi però c'è ancora il cappotto da prendere e le scarpe da ginnastica, lasciati nel parco, sulla panchina, le scarpe in mezzo alla strada...

L'autunno in cui gli italiani presero congedo dalla nostra piccola città e da quel luogo, in cui adesso, ogni notte, c'è un andirivieni continuo. Il posto è rimasto lo stesso, la casa hotel, Römerstrasse 18. Gli italiani sono la famiglia Bernardi, originaria delle Dolomiti. Avevano una gelateria al piano terra. L'affitto però era diventato troppo alto per la famiglia e per l'attività che gestivano. Se ne andarono via, dopo più di quarant'anni. Li salutai con un cenno della mano, dalla finestra della mia stanza. Adesso anch'io avevo sistemato le mie cose, chiuso tutte le valigie, sopportando che la fine fosse arrivata. Dovrò andarmene via, e non sono in grado di muovermi. Chiudermi alle spalle tutte le porte e tuttavia rimanere per il resto dei miei anni in piedi alla finestra dell'appartamento di me bambino e guardare, in agosto, la sfilata dei carri floreali che passa sotto, in strada, la festa che avanza sulle ruote piene di fiori, e dall'altra parte – dall'altra parte, è sempre l'altra riva! – nella Wilhelmsallee, il giorno di San Martino, la processione con le lanterne. Da non dimenticare poi la regata imperiale, anch'essa in agosto. Ecco come ciò che era disperso nella memoria, di colpo, invece si raccoglie in cortei compatti, marce della festa, gare e processioni!

Tante cose non ancora... sistemate, come lenzuola pulite... piegate per metterle via... e ci sono ancora molti panni, così grandi, così arruffati che nessuno li può piegare tirandoli prima agli angoli, per metterli poi uno sopra l'altro, dentro l'armadio scricchiolante della nonna, che è la mia memoria e dice: «In me continua a essere ciò che è stato» (Wilhelm Lehmann).

Superato l'esame di ammissione alla sesta classe, mio padre venne con a me nell'unico negozio di biciclette che c'era nella mia piccola città. Non comprammo una Miele, ma una Rixe, questo il nome della fabbrica, e non si trattava della prima marca sul mercato. Era però una bella bicicletta, di un verde metallico. Così ebbe inizio il mio primo giro da ciclista. L'aria era dolce, un primo tepore di maggio, e quando in un giorno simile viene esaudito il tuo più vivo desiderio, una bicicletta, allora ti rimane addosso qualcosa del suo profumo, del suo tepore. In più la mano del padre che ti sostiene, poiché fu lui, il padre, a guidare il ciclista, ancora insicuro in curva, lungo la strada che risaliva il corso della Lahn dalla parte del Taunus, da Ems ovest verso Nievern. Quanto devo essere stato felice. Ma che cosa tocca più nel profondo, la luminosa felicità del primo giro in bicicletta, essere finalmente proprietario di una bicicletta, oppure provarla una volta ancora, quella felicità?

La sala... la bella sala in marmo del Kurhaus a Bad Ems... a volte sala per conferenze, a volte sala da concerto, luogo di riunione, sala del consiglio, con i parlamentari in piedi, i consiglieri che tengono i loro discorsi. Villeggianti come Wagner, Chopin e Dostoevskij. La mia sala... ah, qui ho ascoltato per la prima volta parlare di... Nehru e Nasser, delle Rocky Mountains e del Nanga Parbat... Leningrado... la mia sala, il mio mondo... conferenze, canto, illusionisti, Ludwig Hölscher. Il mondo... il sapere, che è infinitamente grande... molto, molto più grande del mondo... E adesso in quella stessa sala si sente dire: San Pietroburgo!... e così quel mondo diviso in due, in cui io sono cresciuto, all'improvviso è *passé*, andato a fondo, caduto in pezzi... San Pietroburgo!... Hanno tolto tutte le sedie, la vecchia sistemazione dei sedili. Buon periodo per i giovani elettricisti della zona, gli operai tolgono dalle pareti i cavi ormai sfaldati. Il pavimento scoperchiato... era ancora isolato con la carta di giornale, dall'epoca del Kaiser...

Ogni giorno attraversava indomito il Kurpark, camminando a schiena dritta, a passi decisi. Il padre si riempiva i polmoni di aria fresca, prima di sedersi alla scrivania e dedicarsi al suo lavoro maledettamente mal pagato. Molte cose gli erano andate male. Ma questo non intaccò mai la sua figura. Avrebbe anche potuto lasciarsi andare, mettersi a bere, distruggere la sua famiglia. Come quel maggiore messo a riposo, un nostro vicino, due volte la settimana lo si doveva andare a prendere in strada per riportarlo a casa.

Il padre non aspirava a inserirsi in una sfera sociale più elevata. Tanto poco quanto cercasse, nell'epoca degli arrampicatori sociali, di entrare in contatto ravvicinato con i trafficanti, i «sono in vendita» come li chiamava lui. Aveva ben poco desiderio di uscire dalla sua ristrettezza, perché mio padre non la percepiva affatto come tale, sentiva piuttosto di appartenere a un solido livello di media borghesia, che prevedeva ben poche possibilità sia di ascesa sia di discesa sociale. Oggi tutti credono di muoversi al di sopra del *milieu* da cui provengono. In assoluto, nessuno più riconosce il *milieu*, i vari gradini e le barriere, tutti vedono solo una massa di *jobs* e corsi di apprendimento. Se si vuole riacquistare una certa sensibilità per le differenze di classe e di rango bisogna guardare indietro. Così facendo ci si scontra però anche con gli svantaggi della modestia borghese, ad esempio la mancanza di spontaneità e di passione per il rischio, tanto quanto la congenita incapacità di fallire fino in fondo, perché questa classe sociale, al contrario della grande borghesia imprenditoriale, pone la misura precauzionale al di sopra di ogni slancio.

Al mattino presto ho sognato la nonna, nella camera accanto. Quella nostra vicinanza – bastava niente per andare da lei, per abbracciarla, la nonna, la migliore compagna dei miei giochi d'infanzia. La nonna buona, la nonna che faceva fatica a muoversi. Io la percepivo come fosse incisa nel lutto, così vicina e immutabile. La nonna però si mise poi a parlare, proprio come faceva lei, con la voce dolce e i movimenti lenti delle sue membra rese gonfie dall'artrosi. La posizione della mano e della testa era quella di allora, come se volesse dire: mi riconosci? Andai da lei e le dissi: «Che bella donna sei! In tutta la mia vita, dopo, una donna come te non l'ho più vista!». (Quello che una volta in sogno tocca un uomo troppo da vicino non si perde al risveglio e diviene per lui il sogno di tutta una vita.)

Che sgomento! Che mistero!
(Solo questi punti esclamativi possono giustificare la letteratura.)
Lo sgomento nelle poesie di Celan e il mio sgomento quando per la prima volta lessi *Grata di parole,* da quel momento in poi rimasi imprigionato dietro le sbarre, mai più uscito in libertà.
Fu il regalo della nonna per il mio diciassettesimo compleanno. Così sta scritto nel libro, sottile e allungato. Condotto in cella, condannato a vedere, da quel momento in poi, il mondo attraverso la grata.
Un giovane seguiva i libri... frecce, indicazioni, suggerimenti a bassa voce. Il giovane procedeva lungo la fila che salutava e tutti si conoscevano tra loro, i libri, e non era facile per chi era nuovo trovare la propria collocazione in questa società di bene informati.

E quale sgomento, ora, del vecchio di fronte alla grata di parole strappata via! Di fronte alla libertà di scegliere ciò che costa poco – di fronte alla *comunicazione,* al licenziamento della parola a favore di ciò che non dice nulla.

Di nuovo nell'appartamento, da solo con la mia vecchissima madre, che quasi non capisce più. Solleva un poco la testa di lato, le palpebre stanche e sorride, dolce come sempre. Quando la mamma compie i suoi piccoli (ma per lei notevoli) sforzi, fare le faccende di casa, togliere le impronte dal tavolo dopo che io ho bevuto del vino, preparare il caffè la mattina, girare la zuppa, quando arrivano visite, tutto accade sempre senza lamentele e senza brontolii... Cinquant'anni fa con la medesima accortezza ha preparato per me l'occorrente per andare a fare il bagno, per la passeggiata al fiume, mele, biscotti, asciugamano, una bottiglia di Selter, tutto sistemato in una delle grandi bisacce della bicicletta. Poi si è raccomandata su che cosa avrei dovuto fare e non fare durante il tragitto lungo la strada di campagna e su quando dovevo tornare e chi dovevo evitare.

Le cose che dice oggi non hanno più effetto. Parole che nessuno più prende in considerazione, la vecchia seduta al tavolo insieme agli ospiti. Nessuno bada a quello che dice, a ciò che esprime, dopo avere riflettuto a lungo.

La mamma dalla figura sottile sottile – così smilza, così diafana... Sempre più trasparente la pelle, alle tempie, e la vena blu in evidenza, simile a una radice. Dal 1910 trotterella a piccoli passi attraverso il secolo. Per quanto la riguarda, mia madre ha ristretto il mondo il più possibile, affinché funzionasse a puntino l'incastro tra la sua visione serena delle cose e una vita serena, mia madre che non aprì mai la porta a troppe preoccupazioni, a troppa amarezza e malumore e quindi non si consumò prima del tempo, al contrario si mantenne a lungo, sempre amichevole e priva di malizia.

Ora, stanca di capire, reagisce a ciò che le si racconta solo con un paio di affettuose frasi vuote: *Miodiomiodio. Potrebbe anche essere. E pure questa.* Oppure dice all'improvviso: «Sono così felice». Ma anche questa frase non si eleva al di sopra del rumore di fondo del suo usuale benessere. Alla sua notevole età dà del tu a qualsiasi persona che le capita di incontrare più di due volte, il motivo è solo una semplificazione della grammatica. Per non essere costretta a scambiare così spesso pronomi e inchini, quando rivolge la parola a qualcuno, la mamma ormai è circondata solo da amici a cui dare del tu.

Una vecchietta, non così arzilla come alcune altre signore anziane, che dominano con un'estrema allegria la loro età, una vecchietta tuttavia di cuore sempre generoso, e meno lei sente e capisce, più amabile diviene il suo sorriso e l'affetto che dimostra.

Non è per smemoratezza che ripete le frasi fatte di ricordi, ma perché questo le fa bene, in un certo qual modo per motivi musicali, come fossero ritornelli. Le piccole cose che un tempo lasciarono il segno, tornano come *Leitmotive* con cui la vita compone il suo umile finale. Le frasi che ancora dice, non hanno più uno scopo, oscillano tra vicino e lontano come un pendolo che batte fuori tempo. Oppure sono le ultime deboli onde d'urto di una parola d'amore, che da lungo è andata in frantumi dentro il suo cuore.

Troppo scarno, troppo confuso il volto della vecchia, per piangere ancora. Troppo secche le palpebre, ancora solo un briciolo di memoria, non abbastanza per piangere.

Riflettere, ancora riflettere… lentamente sprofonda la riflessione. Sprofonda negli occhi, che bruciano tutto il dolore, diviene apparenza, scompare.

Quando ha sciolto il nodo ai capelli che le pesava sempre sulla nuca? L'ho mai vista da bambino andare a letto con i capelli sciolti? In verità conosco mia madre solo con una pettinatura severa, i lisci capelli neri, con la scriminatura al centro, senza riccioli, legati a crocchia sulla nuca. Li portava già così quando era ragazza. Quando mio padre si innamorò di lei, non aveva un aspetto diverso, come mostrano le foto. Fino a che un giorno alla mamma venne un forte mal di testa, un mal di testa continuo, e i lunghi capelli, che io non vidi mai sciolti, vennero tagliati. Le misero i bigodini e la nuova pettinatura lasciava libera la nuca. Quando avvenne il cambiamento? Quando vidi per la prima volta la mamma mutata in modo sorprendente? I suoi capelli, a ogni modo, erano già brizzolati. E il mistero del nodo scuro e mai sciolto l'aveva abbandonata per sempre.

Römerstrasse diciotto, terzo piano. Ancora una volta, immerse nella luce chiara del mezzogiorno, le stanze dell'appartamento che si aprono sul fiume, prima che io le lasci per sempre, una luce chiara come nei giorni in cui cominciava a crescere l'inquietudine, quando mi precipitavo su per le scale di casa, dalla strada in camera mia, per prendere le biglie di vetro o i pattini a rotelle e poi, cosa che irritava il padre, sbattevo tutte le porte, chiudendole... L'inquietudine immersa nella luce del sole, la giostra dei desideri, quando la banda degli scolari al completo saliva in sella alle biciclette e si dirigeva verso la Lahn, per andare a nuotare nella piscina all'aperto a Nassau, perché a volte la superficie del fiume era ricoperta di bolle di schiuma giallognola, ma forse anche perché in piscina c'erano più possibilità di azzuffarsi con una ragazza e di metterle la mano sul petto bagnato.

Inizia l'ultima notte nella vita di mio padre. Io tornavo da un viaggio e non riuscii più a parlargli. Fu terribile per me vederlo giacere immobile. E vederlo «portare via» con addosso un camice, lui, l'uomo che ogni giorno era uscito di casa ben vestito e a testa alta. E ora, impotente come non era mai stato, lo si trasportava per sempre fuori dalla sua abitazione, le sette stanze che si diramavano dal tronco del corridoio buio. Il suo umorismo e la sua rabbia, il suo amore traboccante e la sua schietta misantropia fecero sì che queste stanze io, per tutta la mia vita, non le potei più abbandonare. E la sua morte diede in seguito ai miei giorni questo debole, costante brillio dell'allora.

Noi al Wiesbach! Al campo sportivo, collocato sull'ansa della Lahn, in direzione Dausenau. Bambini nella gara di corsa per i giochi della gioventù della Bundesrepublik! Bambini che marciano a passo leggero, nessun ricordo a frenarli.

Sentivo mia madre dire che lei ogni mattina, quando scuoteva lo straccio per la polvere fuori dalla finestra, vedeva mio padre camminare dall'altra parte del fiume, la sua passeggiata prima di colazione, allora scuotere lo straccio e fargli un cenno di saluto erano una cosa sola. Alla stessa ora io uscivo di casa e andavo a scuola, costeggiando il Kurpark, imboccavo la strada che incrociava il percorso di ritorno che faceva mio padre, e quando lui mi veniva incontro, con la sua figura così provocatoriamente diritta e fuori dal tempo, io a volte non potevo fare altro che cedergli il passo. In compenso ora mio padre continua a tornare da me. L'uomo alla Ibsen in questa sua trasformazione si distingue però dai numerosi *revenants*, che attraversano il nostro mondo mediatico e che sono tutti figli solo di una vuota eternità.

Ho aperto ancora una volta il quaderno in cui cominciai, quattordicenne, a scribacchiare il mio primo romanzo. Sono di nuovo là, Svezia, estate 1959, il primo soggiorno all'estero, lontano dai genitori, lontano da Ems e con alle spalle la lettura del *Vecchio e il mare*. Il mio vecchio era il battelliere che in una magica traversata di un lago calmo ci aveva portato fino al confine con la Norvegia. Lassù, in Lapponia, dove il padre dello studente con cui avevo fatto lo scambio di famiglia ci mostrò un insediamento «dell'età della pietra», la vita degli uomini delle capanne, che in costruzioni simili agli iglù conducevano, a quanto pare, un'esistenza preistorica. Ancora oggi non so se il tutto fosse stato costruito apposta, un falso a uso di quei pochi turisti che allora andavano al Nord, oppure se si trattasse davvero di un raro reperto della storia della civilizzazione umana. A ogni modo, quelle costruzioni sorgevano lontane dalle strade comodamente percorribili e il collegamento con il resto del mondo era possibile solo se si attraversava il lago tranquillo e buio grazie a un vecchio battelliere, l'eroe del mio frammento di romanzo. Tema inesauribile, perlomeno se si considera anche l'immagine mitica di quest'uomo. Comprensibile che il vecchio, attraverso innumerevoli passaggi, assurgesse infine al rango del traghettatore che stabilisce ciò che sarà la vita e che trasporta l'ospite della sua barca per migliaia di pagine, per quest'oscuro lago nordico di una scrittura che è impossibile concludere, fino al giorno presente. Grazie al traghettatore mi venne concesso, all'età di quattordici anni, di guardare per la prima volta dietro il mondo transitabile. Quello che ne rimase fu un quaderno con un racconto nebbioso, che parlava di fuga dal mondo e isolamento.

Dato che ora, dopo un lungo soggiorno *post mortem*, mio padre era tornato indietro e di nuovo stava nel suo studio, io poggiai il mio braccio sulle sue spalle e gli indicai la Lahn, giù in basso: «Ti ricordi ancora quando nell'inverno del 1955 mi hai guidato sul fiume ghiacciato, mi hai accompagnato alla scuola, la Freiherr vom Stein, dove io, il nuovo allievo, dovevo presentarmi al direttore? Noi due attraversammo insieme la superficie ghiacciata e per un lungo tratto camminammo contro la corrente del fiume fino alle scale sulla riva, dove c'era il ponte di ferro».

Lui però non riusciva a ricordare. La cosa mi provocò una sensazione strana, poiché io ero assolutamente convinto, che, dopo la morte, si chiudessero tutti i buchi della memoria – sì, io ero convinto che la morte non potesse essere nient'altro che l'emergere del ricordo perfetto.

Pensai al volto pieno e imperturbabile, di un pallore uniforme, di una donna, un'olandese, di circa quarantacinque anni, lenta e di buon cuore, pensai a Triminje, così i genitori chiamavano la tabaccaia, il naso che sembrava sbozzato da forbici tagliasigari, il negozio di Triminje si trovava nella Römerstrasse e mio padre amava accompagnare gli acquisti che faceva lì con un paio di frasette galanti, tirate fuori dallo scrigno del vecchio modo di corteggiare…

Dorata immagine sospesa della sera d'estate nella Römerstrasse. L'aria calda di una sera come quella era carica di così tanti piaceri, che io non ne potevo avere mai abbastanza. E dopo la cena frugale, in strada a divertirsi: quell'essere insieme agli altri, mai stata più voluttuosa la compagnia, di quando, alla sera, insieme alle ragazze giocavo ancora un paio di volte con le biglie di vetro.

E il padre stava là in alto, alla finestra del suo studio e mi guardava, mentre io vicino alla fontana di marmo senz'acqua, un vecchio abbeveratoio per cavalli che c'era davanti a casa nostra, giravo con i pattini a rotelle, camminavo sui trampoli, giocavo con la trottola.

In sogno sono di nuovo nel cortile interno della casa a Ems – lì dove venne demolita quell'ala dell'edificio, che in seguito il dottor Brieger utilizzò per costruire il suo sanatorio. A noi bambini era proibito giocare in quel luogo diroccato. Il signor Bernardi, il gelataio, si è messo più volte a imprecare, quando io ci andavo a giocare a nascondino insieme a Renzo, Valentina e Diana, oppure riproducevo le sequenze dei film con Robert Taylor nei panni di un eroe western, con una particolare attenzione dedicata alle scene in cui ci si baciava. Quest'ala dell'edificio era stata un tempo la sala da ballo dell'albergo, solo più tardi trasformato in un insieme di appartamenti, un albergo che nel diciannovesimo secolo apparteneva al signor Levi e che aveva una clientela composta in maggioranza da ospiti ebrei. La signora Bossbach, che ai nostri tempi ne era la proprietaria, lo lasciò decadere. L'edificio era pericolante, chiuso da transenne. Spesso la signora Bossabach ci ha scacciato via di lì, la vecchia renana, che veniva da Colonia, con i suoi capelli lisci e pettinati tutti all'indietro, che alla nuca sembravano mangiati dai topi. Allora noi scappavamo, dal cortile, attraverso la porta a vento piena di vetri che si apriva sul passaggio verso la parte anteriore dell'edificio.

È da questo luogo buio, dai suoi angoli abbandonati, che prese forma l'immagine di un albergo in rovina, immagine che mi perseguita da tutta una vita. Una traccia diretta conduce poi dai baci imitati di allora agli attori. Il mettersi al servizio degli attori, il venire loro in aiuto fu in seguito per l'autore di teatro il piacere più grande.

Passare ancora una volta attraverso la porta a vento e giocare con i bambini italiani! Attirare Diana e convincerla a prodursi in baci artistici nell'ascensore fuori uso! Dovevamo stare però assolutamente attenti a non fare troppo rumore, altrimenti mia madre, dalla finestra della cucina al terzo piano, si metteva a sgridarci in cortile.

In inverno quel luogo era inospitale e abbandonato. I cassonetti della spazzatura mezzi vuoti – senza la grande quantità di contenitori e senza tutti i resti di frutta della gelateria. Gli italiani, già prima che ottobre finisse, erano andati a casa, nelle Dolomiti. Abitavano vicino a Cortina. Tornavano indietro solo ad aprile – e con loro arrivava la nuova estate!

A riportarmi poi all'epoca di Ems è anche la nobile sala delle fonti nelle terme cittadine. Spesso ci vado di notte, cammino avanti e indietro, faccio la cura, attingo qui e là dalla vasca della fontana zampillante un sorso dell'acqua medicinale di Ems, dell'acqua termale. Poi mi intrattengo con gli ospiti delle terme, eccoli, i cari sconosciuti, persone che nel corso della vita per metà ho visto e per metà sono stato… Persone reali e persone inventate, vive e morte, famose e comuni. Qui passeggiano tutti in pace avanti e indietro, si mescolano tra loro, scambiano gli ultimi pettegolezzi della villeggiatura – gli ospiti delle terme, che adesso non ci sono più a Ems, la maggioranza di loro appartiene infatti a due secoli fa, Liszt, Lassalle, Gogol', Jenny Lind e Alfred Krupp. Qui alle terme non ci saranno di nuovo ospiti famosi.

Altri amano altri luoghi. Ognuno si immagina in maniera diversa l'aldilà. Per me è questa sala che si allunga con le sue fonti termali, senza inizio, senza fine, dove creature quiete e amichevoli continuano all'infinito la cura e bevono tutte la stessa, unica, acqua termale.

La sala delle fonti è inondata di luce e acquista trasparenza, solo però quando si riempie di persone mansuete, come sono i morti. Persone che ora sanno quanto gli interessi che avevano quando erano vive fossero insignificanti, persone la cui fronte risplende ora felice di superiore insignificanza.

L'ideale, la cosa ultima, mi appare la permeabilità di essere umano e parete e mondo. Sala delle fonti, sala della trasformazione – e qui tutto è passaggio!

Anche il cosiddetto «altro», che i filosofi tenevano in così alta considerazione, qui è solo un punto di transito, un essere attraverso cui tu entri e esci.

Römerstrasse diciotto. Ancora una volta si ristruttura! La zona d'ingresso brutalmente distrutta ora è diventata una galleria di negozi. Tutto il sotterraneo perforato e devastato per fare spazio alla stazione di una funicolare. Servirà a trasportare gli ospiti delle terme e i pazienti dal Klopp, la collina del sanatorio, alla città, avanti e indietro. Ma dov'erano nel 1972 gli enti pubblici che regolano l'intervento edilizio e si occupano della tutela dei monumenti? Come si può distruggere in modo così barbaro edifici che hanno una storia? La scala è rimasta come era un tempo solo dal primo piano in su. Mostro a un amico gli antichi gradini della mia infanzia e il corrimano della ringhiera della scala consumato e brillante – a tirarlo a lucido sono stato ancora io, quando scivolavo giù dalla ringhiera con addosso i calzoncini di cuoio!

Ma che i vandali di stato distruggano pure e mandino tutto in pezzi! A me basta che di notte la casa di un tempo apra di tanto in tanto il suo alto portone in legno e mi lasci entrare. Genitori, amiche, italiani – loro sono rimasti tutti lì, sono ritornati nella scala della casa, è lì che li ritrovo sempre, ogni volta.

Addomesticare la memoria, addestrare la nostalgia sono passaggi inevitabili, se, ad esempio, si vuole raccontare a una persona giovane e sconosciuta qualcosa del tempo passato. Di fondo però è solo grazie a sensazioni confuse, indisciplinate che si giunge a casa. Se il ricordo si piega a un ordine compatto, ecco che già scompare. La continuità della rappresentazione, del racconto è qualcosa di assolutamente inadeguato alla cruda, imprevedibile emozione, all'assalto o al balzo improvviso del «tempo perduto». Per questo motivo sarà sempre il romanzo a connettere al meglio e a dispiegare ad arte ciò che è stato, cosa che rimane, di fondo, incomprensibile. Ma solo la poesia può essere l'eruzione vulcanica del ricordo che contagia chi legge e stimola la memoria.

E ancora una volta parlavo con una persona che non capiva. Una commessa in un negozio di articoli sportivi a Berlino. Spinto da un'incontrollata nostalgia raccontavo delle regate sulla Lahn, che io potevo seguire guardando dalla mia finestra. In piedi davanti a quella persona sconosciuta, all'improvviso mi trovai del tutto immerso nel calore di una domenica di festa in agosto, nel bel mezzo di svariate attività in cui erano impegnati i visitatori provenienti da tutta la Germania, gente che si pigiava nella cittadina dalle strade strette, poiché qui si trattava della regata di Ems, una di quelle che un tempo erano le regate imperiali dei canottieri, una manifestazione che stava appena cominciando a perdere la sua rilevanza nazionale. Ma è proprio così che accade con i ricordi quando non si è più giovani – i ricordi ci mettono addirittura in uno stato di eccitazione, che ci spinge a condividere con gli altri quello che abbiamo perso, sì, noi costringiamo alla condivisione perfino perfetti sconosciuti, ma nessuno, nessuno può penetrare nei ricordi insieme a noi! La sfera di cristallo del tuo piccolo mondo di un tempo rimane assolutamente tua, nessun altro può entrarci.

Forse perché io non sono mai stato un allegro orfano della ribellione, uno che voleva liberarsi del padre, uno che per tutta la vita scoppia di rabbia, se incontra il potere incarnato in una persona che il potere lo detiene, io sono incline a pensare che il potere metta al sicuro la vita dei molti che non lo esercitano, meglio del potere distribuito tra i molti. Questo lo dice però uno a cui l'autorità è sempre e solo servita, uno che, nell'educazione e nel lavoro, considerava modello, maestro e capo cose ovvie e che da tali figure è stato sempre e solo sostenuto e mai represso.

La mamma raccontava di me a una amica e mi descriveva così: «... e se aveva abbastanza tempo, sulla strada che lo portava a scuola, lui cambiava gli strati sociali...».

Gli strati sociali? Sì, questo è vero, all'inizio facevo la strada di scuola con Robert, il figlio dello stampatore, e poi mi elevai fino a Günther, il figlio del rappresentante di commercio, uomo abbiente. Cambiavo gli strati sociali, ma anche la strada: a volte attraversavo il Kurpark, passando accanto alle Quattro torri, la residenza dello zar Alessandro II, altre volte invece sceglievo la Römerstrasse, per poter passare davanti alla lunga vetrina del Café Maxeiner e vedere se c'era mia madre.

Il giorno in cui la mamma venne a sapere che era morta la sua migliore amica, la trovai a casa a piangere, seduta sul divano. Furono le ultime lacrime che le vidi versare. La morta era stata la sua fedele compagna per più di trent'anni nella piccola città. Si incontravano una volta alla settimana al Café Maxeiner. A unirle erano i molti viaggi fatti insieme, Malta, Madeira, Hong Kong, Gerusalemme. Dato che il marito dell'amica «non aveva assolutamente voglia di muoversi» e mio padre era morto da alcuni anni, le due signore non più giovani avevano viaggiato per mezzo mondo, la piccola persona, assai decisa di carattere, e mia madre, sempre di umore lieto e assai affezionata all'amica. Quell'interruzione del continuo ripetersi della stessa cosa... Nulla mi stupisce più profondamente del fatto che la mia bella mamma per quarant'anni andò avanti e indietro per la Römerstrasse a Ems, ed è così che divenne la mia vecchia mammina. Questo mutamento inghiotte ciò che altrimenti può ancora significare il *tempo*. Alla fine la mamma, linda ospite di una casa di riposo per anziani, sedeva vicino alle due sorelle, le diaconesse, durante la preghiera mattutina.

L'immagine che avevo sempre in mente, anche oggi mi viene in mente: schegge di un testo che assomigliano a bottiglie rotte, colli e pance in frantumi, sul muro della prigione, a Naumburg. Da bambino andai al di là di quel muro, a far visita a mio padre. Quando comandavano i comunisti della Zona di occupazione sovietica, lui era finito nel carcere giudiziario. In quanto proprietario di una fabbrica farmaceutica, lo si sospettava coinvolto in un traffico di contrabbando di zucchero proveniente da Berlino Ovest. Si trattava solo del palese pretesto che serviva a espropriare la sua fabbrica e farla divenire proprietà del popolo.

Con gli anni ho composto infinite schegge di un recipiente immaginario, ma intelligibile. Questo procedere seguendo dei motivi e il movimento a piccoli salti avanti e indietro che non porta a un progresso, un lungo, lungo gioco coi dadi, mentre io sembro sperare ancora nell'arrivo dell'incognita magica fra tutti i numeri sulle facce del dado, fanno pensare, nell'insieme, a una vita segnata da scarso dinamismo e da notevole marginalità. Il margine, sì, quello era l'alzaia, o il sentiero sull'argine, che all'inizio si allungava a fianco della Lahn e poi, in seguito, accompagnava il fiume degli eventi. Seguirlo vigile e costante: in questo risiedeva la mia solerzia. E così facendo ho incontrato la mia stupidità, la mia sentimentalità, in una forma così pura, che ho cercato sempre di nasconderla agli altri. Io ero in cammino, sempre e solo sul sentiero accanto al fiume, e in nessun altro luogo sapevo orientarmi a sufficienza. Solo su quella strada tracciata, da cui non ci si può allontanare, sempre procedendo sul sentiero lungo il fiume, in me, a ogni passo si spaccava una scorza «sociale», uno dopo l'altro cadevano gli inganni, fino ad arrivare alle più intime foglioline vischiose, che formano il calice del fresco autoinganno. Col bel tempo e se procedevo veloce, mi aprivo completamente come una peonia nella luce di maggio.

Tuttavia è come se io, a partire dalle migliaia di variazioni, rivolgimenti e digressioni, non avessi portato alla luce altro che la traccia della successione, come se avessi pulito e lucidato il rilievo di una ripetizione, la superficie di una più profonda impronta.

Visto così, percorrendo il sentiero, ho resistito alle seduzioni della vita con tutte le forze del rivivere. Riservato come Emily Dickinson, come Kierkegaard rimanendo a casa, per offrire all'antenato una vita dopo la morte. Le stesse ore alla scrivania, i pasti regolari, le passeggiate per ritemprarsi. Lo scrivere pezzi di teatro sarebbe stato di conseguenza solo un carnevale, per liberare la casa dagli spiriti del presente.

Ma non c'era anche qualcosa di più? Altrimenti perché nella mia esistenza così tante volte O'Neill...! *Strange Interlude* ancora nella vecchia Börsensaal a Francoforte sul Meno con Caninenberg e Müthel.

A Touch of a Poet con Hans Söhnker nei primi programmi alla televisione, *Hughie* nel 1960 ai Salzburger Festspielen, una prima messa in scena, in ritardo, con Werner Hinz e Hans Putz, *Lunga giornata verso la notte* a Monaco, con Holtzmann nel ruolo del figlio, in seguito ad Amburgo, regia di Noelte, con Quadflieg e Wimmer... *Arriva l'uomo del ghiaccio*... eccome se arrivò!

Questo era infatti un teatro in cui esistevano solo uscite di scena e tutte le strade imboccate diventavano uscite a cui non seguiva poi più nessuna entrata. Il palcoscenico non era altro che uno spazio per uscire di scena. Così si arrivò a quelle figure silenziose, gli accompagnatori, che, a volte indossando costumi da servitori con i galloni, comparivano discreti al fianco di qualcuno durante una festa di luci e gli sussurravano all'orecchio una certa notizia, si intrattenevano sia con chi era nel pieno di un'azione irruente sia con l'uomo che lottava fervido contro se stesso, così che la figura, al culmine della propria autorappresentazione, si interrompeva e senza opporre resistenza si lasciava accompagnare verso l'uscita di scena.

Quello che unisce me e il padre è qualcosa come una morale borghese del fallimento, che per generazioni si è tramandata nella nostra progenie modesta. E il fallimento va più nel profondo di tutte le rimanenti tracce che è il tempo a scavare, non importa se l'uno ha superato due guerre mondiali, il colpo alla testa, la perdita di ciò che era suo, o se l'altro si è sforzato di superare il benessere, la giovinezza trascorsa altezzosa, l'entusiasmo della rivolta, impegnata nella distruzione di coloro che erano distrutti – più di tutto ciò che è accaduto, più della storia, è il fallimento che unisce. Non c'è niente da fare. Si tramanda da erede a erede. «Quale amore è più grande dell'amore di colui che ripete?», Reinhold Schneider nel suo *Filippo II*.

Il fermacarte sulla scrivania di mio padre, un cabochon, una pietra tonda, onice, se oggi lo tocco mi riporta la sensazione di quanto fosse piccola la mia mano di bambino. Anche con le dita ben allargate non riuscivo a circondarlo del tutto, anche se pigiavo forte il palmo della mano, cosa che mi dava una bella sensazione, contro la sua superficie liscia. Delle dimensioni di una cappella di ovulo, oppure di una testa di medusa, se le si immagina troppo grandi, la pietra possedeva la forma ideale, che dolcemente accarezza la mano di un uomo pensieroso. La parte inferiore, che stava appoggiata su documenti, lettere, foglietti, conti, foglie di calendario, fotografie, biglietti del cinema eccetera aveva incollato uno strato di feltro, per fare in modo che non scivolasse via.

Forma ideale? La cosa stava lì nella sua datità concreta, nella sua *haecceitas* e compiutezza di oggetto fisico. Offriva una gradevole superficie liscia e non era elemento di un'altra cosa, da nessuna parte poteva essere combinata o aggiunta. Era qualcosa senza vita, che tuttavia, nella propria perfetta compiutezza, possedeva luminosità, possedeva un'aura, come tutte le cose che *non* fanno parte di altre cose, in esse lo scopo ha meno peso rispetto alla forma, e quindi vengono assunte in quello che per l'uomo è il campo di forze dell'estetica. Fa bene, è un piacere raffinato toccare la sua curva femminile. Questo *utensile*, che protegge le varie carte da un improvviso alito di vento – questa cosa che ha una sua piccola, limitata, parziale utilità, che potrebbe essere sostituita da qualsiasi altro oggetto, l'unica condizione richiesta è che esso sia abbastanza pesante – una tale cosa deve essere bella, altrimenti non ha nessuna possibilità di affermarsi nel mondo materiale. È una pietra, nient'altro che una pietra lavorata. Qualsiasi oggetto di un certo peso può tenere insieme una piccola pila di singole carte. Un libro voluminoso, ad esempio, compirebbe lo stesso servizio, oppure una fruttiera, una scatola di sigari. Tuttavia il fermacarte attesta un genere proprio tra gli oggetti. Più in alto della sua utilità stanno la bellezza e il piacere che comunica alla mano che lo tocca: una gioia per la mano, questo deve essere; già la sola vista dell'oggetto deve suscitare il desiderio di toccarlo. E perfino in una persona che non avesse le mani, o al loro posto solo due moncherini, esso dovrebbe suscitare la sensazione fantasma della mano sicura che riconosce un oggetto ben plasmato.

Io non capisco come una tale pietra possa avere una forma quadrata, spigolosa, angolosa, appuntita, sebbene ciò non sia affatto raro. Una pietra, appoggiata sopra una pila di carte disordinate che non avesse forma rotonda, fosse anche di taglio raffinato o di materiale scelto, non riuscirebbe mai a suscitare, tra la mia calotta cranica che cova i pensieri e i fogli che la pietra protegge, una vibrazione stimolante, che è la similarità delle figure a generare.

A ogni modo si potrebbe anche pensare che la quantità di fogli liberi potrebbe crescere a tal punto che la pietra non riuscirebbe più a pesare su di essi, non potrebbe più impedire alle carte di spostarsi, di essere portate via dal vento.

La pila spodesterebbe allora la pietra e la pietra, da parte sua, scivolerebbe giù dalla pila, oppure finirebbe per diventare solo una leggera coroncina sul mucchio, ormai priva di utilità e ridotta a ridicolo ornamento. La pietra avrebbe allora permesso che si raccogliesse sotto di essa una massa assai più grande di quanto è in grado di fermare con il proprio peso. Pochi foglietti, un gruppetto di lettere, una pila non tanto alta, questo solo può riuscire a tenere sotto controllo. La pietra sta lì unicamente come protezione contro un colpo di vento. Non può preservare le carte né dal fuoco, né dall'acqua (nel caso ad esempio che si rompa una delle tubature e cominci a colare acqua dal soffitto), la pietra può evitare a ciò che è stato scritto il progressivo ingiallire, il venir meno solo lì dove, sul primo foglio della pila, posa scura la sua superficie piatta e ruvida. Solo qui non ha modo di penetrare la luce che scolorisce e distrugge.

Certo, come fermacarte si possono usare molti oggetti pesanti. Non è invece possibile utilizzare un fermacarte per qualsiasi altro scopo.

Questo è l'aspetto svantaggioso, il punto debole di un tale oggetto dal carattere non troppo definito nel mondo delle cose utilizzabili. Facile da rimuovere. Minima definizione d'utilizzo.

Poiché la pietra è così ferma, i fogli volanti… un giorno non la si potrà più sollevare dall'appunto, dal ritaglio di giornale, dal vecchio biglietto dell'opera, dall'indirizzo di un agente immobiliare, dalle strisce di carta, dai promemoria da tempo anacronistici. Ciò che rimase: miscellanea.
    Domani si svuota l'appartamento. Da domani la mia casa non c'è più.

Ristampa					Anno			
0	1	2	3	4	2015	2016	2017	2018

Finito di stampare nell'agosto 2015
presso Galli Thierry stampa, Milano